VIVA
VAIA

1ª ed., 1979 – Duas Cidades
2ª ed., 1986 – Brasiliense
3ª ed. revista e ampliada, 2001 – Ateliê Editorial
4ª ed., 2007 – Ateliê Editorial
5ª ed. revista, 2014 – Ateliê Editorial
6ª ed., 2023 – Ateliê Editorial

Dados Internacionais de Catalogação na Publicação (CIP)
(Câmara Brasileira do Livro, SP, Brasil)

Campos, Augusto de, 1931-
Viva vaia: poesia 1949-1979 / Augusto de Campos. – 6. ed. – São Paulo: Ateliê Editorial, 2023.

ISBN 978-65-5580-123-1

1. Poesia brasileira. I. Título

23-176153 CDD-B869.1

Índices para catálogo sistemático:
1. Poesia: Literatura brasileira B869.1

Tábata Alves da Silva – Bibliotecária – CRB-8/9253

PROJETO GRÁFICO ORIGINAL
Júlio Plaza

CAPA
Augusto de Campos

ATELIÊ EDITORIAL
Estrada da Aldeia de Carapicuíba, 897
06709-300 – Granja Viana – Cotia – SP
Telefone: (11) 4702-5915 | contato@atelie.com.br
www.atelie.com.br | blog.atelie.com.br
facebook.com/atelieeditorial | instagram.com/atelie_editorial
threads.net/@atelie_editorial

Printed in Brazil 2023
Foi feito depósito legal

augusto de campos

VIVA VAIA

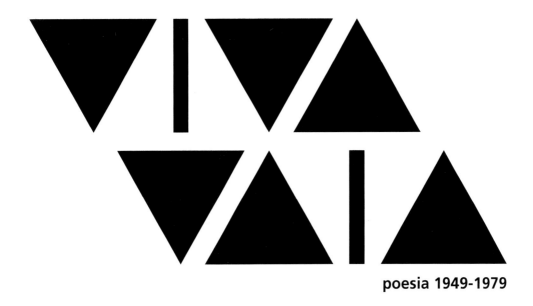

poesia 1949-1979

Æ
Ateliê Editorial

Aquilo que o
público vaia,
Cultive-o,
é você

J.C.

O REI MENOS O REINO

1949-1951

Queste parole di colore oscuro...

Dante

...und wozu Dichter in dürftiger Zeit?
(...e para que poetas em tempo de pobreza?)

Hölderlin

O REI MENOS O REINO

1

Onde a Angústia roendo um não de pedra
Digere sem saber o braço esquerdo,
Me situo lavrando este deserto
De areia areia arena céu e areia.

Este é o reino do rei que não tem reino
E que – se algo o tocar – desfaz-se em pedra.
Esta é a pedra feroz que se faz gente
– Por milagre? de mão e palma e pele.

Este é o rei e este é o reino e eu sou ambos.
Soberano de mim: O-que-fui-feito,
Solitário sem sol ou solo em guerra
Comigo e contra mim e entre os meus dedos.

Por isso minha voz esconde outra
Que em suas dobras desenvolve outra
Onde em forma de som perdeu-se o Canto
Que eu sei aonde mas não ouço ouvir.

2

Neste reino onde eu canto ao som de areia
Às vezes o ar se move de outras vozes
Que – despidas dos corpos – se aproximam
Da minha voz se nunca do meu Canto.

De sob a rocha escuto os finos rios
De mercúrio torcendo-se de frio
Até que em meu ouvir se precipitam:

– Um sol, mesmo sem sangue, mas um sol
Mas que ilumine o olhar, mesmo sem brilho,
E a dura voz a dura dura voz
Dos corvos doure... (Aqui retorna o vento.)

– Ó vós, plumas de plumas, cores – grito –
Do ar sem cor que vos rouba ao meu ouvido.
Que seria do vosso rei sem vós?

Da rocha onde meu nome está gravado
E sob a qual me assento antes de mim,
Deste trono sereno que o meu sono
Sonhou de seda e não de sol ou céu
Vos concedo o que sei do que pedis:

Vinde e vereis florir um sol no céu
E um céu se desdobrar do olhar do sol,
Neste reino onde o céu é o vosso ar alto,
Onde o sol é de pedra como o Canto.

3

Do que há de ouro na palavra **dolce**
Levo-me aos teus cabelos, não a ti.
Cabelos que iluminam quando morres
Um rosto ainda mais claro do que de ouro.

Dos teus olhos molhados água o mar
Que o teu olhar detém e duas conchas
Enterram. Que outra seda enterraria
O que há de azul entre os olhos e o mar?

Do que há de morto na palavra outono
Galgo o teu corpo – não a ti – teu corpo
Mais alvo de o fechares contra mim.

Dulcamara, porém, que fazes do ar
Quando começo: – Mar... – apenas vento?
– Amara amara amara mar e amarga.

4

Nesse reino
Onde eu sou o rei e és a morta rainha
Ou onde eu sou
O rei e és a rainha morta e a morte
São meus braços,

O referido reino onde os tristes vassalos
Nunca encontram o rei que em si mesmos procuram
E onde o rei se coroa à falta de vassalos
E onde à falta de reino pisa o próprio corpo
(Duro reino),

Tu, que apenas me restas, tu, agora morres,
Morres a dura morte
Na carta do baralho em que te enterram viva.

Rainha morta,
Morta nesse reino
Onde és tu a encantada e eu que tenho o Canto
Que a mim só desencanta, duro como as pedras
À seda que adormece em teus ouvidos:

Já que eu não posso mais desencantar-te
Ao meu Canto que é antes Desencanto,
Encanta-me contigo
Morta e rainha à tua
Mais do que fala
Fábula.

5

ANGÚSTIA: eis a flor marcada a ferro
Que um vento solitário, o DESESPERO,
Incrustou numa pedra nua, o TÉDIO.

ANGÚSTIA: eis a flor cortada a serra.
A flor? A outrora flor. A redondezas
Aromas alva sedas flor? Outrora.

Um vento sem pousada trabalhou-a,
Recortou com mais calma suas linhas
E desdobrou esta ferida: ANGÚSTIA.

E sob a flor o caule a soerguendo.
O caule? Outrora o caule, o longo caule.
Um vento. Um outro vento e belo, o ÓDIO,
Torceu-se a sua volta a fê-lo vento.

Em seu lugar eu fui nascido a sangue.

Pés que a raiz sugou sugando lenta.
(A raiz? polvo serpe treva: o MEDO,
A raiz se movendo sob a pedra.)
Boca mordendo a flor mordendo o vento.

E o meu corpo das veias prisioneiro
Entre a raiz e a flor alimentando.
E a minha voz. A minha voz? Outrora.
Hoje perdida em nervos pelas folhas.

6

A esta margem de areia tão igual a outras tantas
Os meus pés me trouxeram como quem traz um corpo.

Daqui eu me lancei ao mar em posição mortal
E escarneci sobre o meu nome em várias línguas.

Antes, porém, cuidei de ter confirmados os olhos,
Para que as pálpebras não ocultassem nunca
As duas luzes.

Assim como a minha voz ofende os peixes mudos,
Assim eles se enfurecem ante as luzes
E assim seguem o rasto do seu brilho
E arrastam as escamas sobre elas.

Que dizer dos serenos monstros gelados,
Os quais têm uma voz de sangue sufocando
A voz que eles não têm?

O mar é frio, é lisa a sua face.
Porém é a mesma lei de sangue dividindo as frias
Formas que ele animou.
O homem é o menos ágil nesse elemento.
O ar o mais escasso.

Penso na força que me sustem de pé e imóvel
Sobre o mover das águas.

7

Povo meu ó meu polvo
Nas cabeças escuras e nos braços amargos.
Onde os teus olhos, onde
Em tanto visgo e areia?

Estremeces os braços, vens de longas águas.
Onde os teus olhos, onde?
Escorreram no visgo a clara substância
Ou a areia os enxuga até as tristes raízes?

Moves a negra massa e negra
Guiam-na os olhos cegos como bocas.
Moves-te em derredor a enquanto dormes
Deixas um rasto sempre o mesmo, negro.

Serão teus estes crânios escuros que parecem
Vivos embora escuros crânios,
Estas bocas sem lábios que ainda vomitam sangue
E devoram devoram outros crânios escuros
Pelas nucas inertes?

Ó polvo meu extenuado povo
Monstro de carne e sono que se move
Como eu caminho ao meu redor sombrio.
Que mais queres de mim além de mim?

Arrancaste-me a língua e a hera cobre estas palavras
Pedras
Que se rompem de mim com o sangue de meus vasos
E eu mordo com meus dentes em derradeira oferta:

Quando começo: – Mar... – os teus ouvidos apodrecem

(Não se comove a tua massa, move apenas
Aquelas negras, negras vozes,

Falam em pão em prata e eu ouço PEDRA).

CANTO DO HOMEM ENTRE PAREDES

As paredes suportam meus pulsos de carne.
As paredes se encaram.
As paredes indagam seus rostos à cal
E me riem perdido além do labirinto.
A luz sobre a cabeça, os olhos entre os dedos,
O caminho dos pés no caminho nos pés:
Entre o jarro de flores e a mesa perdido.
E as paredes são uivos mais fortes que os meus.
Fui eu quem as fechou? Se fecharam sozinhas?
Sabem que eu sei abri-las. Ignoro que sei.
Ao me sonhar caminho vi que elas e não eu,
Que tenho pés, caminham.
As estantes e os quadros se erguem já como a hera
Mais espessos que a hera.
Algo que a luz chamou poeira e eu ouro, e teias
Chamou e eu chamei rios
Acorda o compromisso entre as portas e a vida.
As paredes não param. Caminham sobre mim.
Sonham que eu hei de abri-las. Ignoro mas sei.

O VIVO

Não queiras ser mais vivo do que és morto.
As sempre-vivas morrem diariamente
Pisadas por teus pés enquanto nasces.
Não queiras ser mais morto do que és vivo.
As mortas-vivas rompem as mortalhas
Miram-se umas nas outras e retornam
(Seus cabelos azuis, como arrastam o vento!)
Para amassar o pão da própria carne.
Ó vivo-morto que escarnecem as paredes,
Queres ouvir e falas.
Queres morrer e dormes.
Há muito que as espadas
Te atravessando lentamente lado a lado
Partiram tua voz. Sorris.
Queres morrer e morres.

EU, EU E O BALANÇO

O PRIMEIRO EU:

Estou sempre partindo, eu que sempre esperei.
Quando o mar é mais árduo do que eu posso fazê-lo
Ou quando já não consigo deter o céu de plumas,
Então me vejo partir mais poderoso que eu,
E enquanto parto, só, ao meio-dia sombrio,
Sobre o verde Balanço sentado então espero
Pensativo e mortal. Sobre o verde Balanço.
À noite – quando a noite vem – eu venho.
Recolho os destroços da viagem sobre os pés
(Atrás de mim em fila os seixos se arredondam)
E as minhas sete almas se riem e se reúnem.
O Balanço flutua solitário entre o ar.

O SEGUNDO EU:

Eu que sempre esperei, eu que sempre parti,
Conformado até hoje, hoje – e estamos em maio
Na hora da partida – espero que eu não volte.

SOIS VÓS, SERENA

Sois Vós, serena, sois Vós agora
Que Vos alçais das veredas onde
Passeei tua morte pelos anos, serva.
Sou eu agora, eu aos pedaços,
Me esquecendo em areia, eu.

Dizei-me, em chamas, como o soubera?

Certo não é que à tua voz e pranto
As mãos desdormindo seios lá ficaram?
Certo, que os olhos – se arredios ao teu canto
Partiram as artérias – lá ficaram?

Se é certo que eu sorri verdes palavras,
Que sei das bolhas de ar que o ar rompeu?
Se é certo e sabes que eu falei: quando me ouvi?

Dizei, em chamas.

Sabes, e é certo, eu não deixei que os ratos –
Quando o sol te cegou – roessem tuas pupilas.

Quem te amarrou aos seus pulsos à noite?
Quem com seu sangue mesmo tem sofrido
Tua sede e fome de cor?
Sabes.

Dizei, em chamas. Sois Vós agora.
Sou eu em cinzas. Dizei, serena.

Eis-me de pé sobre minha carne.
Eis minha pele.
E minhas unhas e dentes, ei-los,
Vos adornem o colo e adormeçam.
E não temeremos o Medo, juntos.

Espelhos, na areia entornados já não rides.

QUANDO ELES SE REÚNEM

Quando eles se reúnem e abrem o mar
De um amargo suor e os lábios se abrem
E uivam a alegria que é a sua pobre música,
A alegria servida também nos seus rostos e faces,
Há alguém que – deitado sobre si mesmo –
Recebe os pés que pisam como se dançassem
E o vômito dos lábios amáveis e pequenos,
Alguém que rói os próprios punhos e chora
Pelo que deles resta e chora.
Que esmaga a cabeça grave contra um muro de carne
E com o sangue que jorra e as duas mãos
A recompõe direita entre as espáduas.
E estranho e nu permanece e sangrento
Para os que bebem a alegria com um copo de álcool
E vestidos com ela se reúnem e uivam.
E é o mesmo que se ergue, depois, do silêncio,
Quando os corpos se vão com o peso do início,
E estende e curva um braço em torno do ar – o direito –
E com o esquerdo segura o ar como o fim de outro braço,
Ao passo que os seus pés recomeçam o tempo.
É ele também o que está sempre deitado
Sobre o seu corpo que pesa assim duas vezes
E que resiste de pé, cansado e vivo.

POEMA DO RETORNO

Ó cavemos a terra, vinde.

Mortos do outono vinde, outono, vinde.
Eu vos espero, vosso séquito de folhas
Siga meus pés, desfazendo meus passos.

Ó jardins, grandes de ternura,
Dissimulado céu sob meus pés,
Relaxai vosso abraço, os cravos desprendei,
Se sois bastante verdes
Caminhai.

Nem suaves – disséramos: unhas,
Sede mortas, cortai de leve.

Feridos ventos, noites alongadas sobre tua pele
E lento e mole manipular de madeixas ao relento:
Esta força em meus dedos – aço amargo –
Não suspeitei nem, Dulcamara, me disseste.

As unhas saem dos dedos.
Os dedos saem das mãos.
Cavem a terra cavem.

Baixai, abutres, não, erguei
Vossa branca esperança em minha fronte.
Sereno é o deslizar (nem eu escuto)
Dos rios nas ribanceiras, mas ouvi:
Meus olhos de alva dor não são mais duros,
À mera vossa vista se repartem.
Baixai, abutres, e subi
Enquanto não sois brancos.

Cavam a terra cavam.

Rio de ouro exausto em luta contra as rochas,
Agora e sempre te enumero: TERRA.
Serenado o teu brilho, jaz, nem me relembres.

Cavam.

Peso da terra, te sinto
Descendo por meus cabelos,
Que te encolhes devagar
Onde seriam meus ombros.

Ó cansaço, cansaço, cansaço da terra
Engrossando meu corpo além da carne,
Não quero ser tão grande, restitui
Minha pequena caixa de absurdos
Que me conteve e era agradável aos sentidos.

Não me ouves, cansaço, mas me estendes
Pelas úmidas ruas do teu corpo.

Vós que ululais por vento, ó insaciáveis,
Parai. Este é o meu campo, além é o vosso.

Mas auxiliai-me, eu vos suplico, a recordar meu nome
De minha fronte arrebatado com meus olhos.
Erguei-me, ainda é tempo, às raízes escuras
Por quem vigiam as frondes sem fronteira.

Ou senão acrescei a minha pedra de silêncio
Ao vosso coro soturno, ó lei sonâmbula
Que me persegue e me trespassa
Onde seriam minhas veias.

Vós, que sois belos, ricos, implacáveis, sempre novos,
Vosso sereno grito.
O que é tão doce.

FÁBULA

A Voz Poderosa

Sou Eu, Eu só, quem só te espera.
Ouve meu nome e não o escutes
Fino entre a pele do teu ouvido.

Meu nome é o nome não nominado
Que te nomeia e menos preza.
A ele o ouvido não ouve: apalpa.

Sou Eu, Eu só, quem não te deve
E a quem te deves,
Tu mais a dívida.

...E Eu te conheço, ah! te conheço:
– Homem sem epitáfio, sei o nome
D"O que Venceu a Vida sem Violência".

Que sendas ensaiaste para além do teu espelho?
Quem senão tu, servindo-se dos olhos,
Se refletia por detrás da prata escrava?

A Voz Pequena

Eu, vivo de nascença, nascido...

A Voz Poderosa

Quem senão tu, ó escárneo dos teus ossos,
Por sobre a prata digo escrava se inclinava
Da janela cerrada do seu corpo?

A Voz Pequena

... Do meu leito de carne exercitando
Meus belos dons de ventriloquia a meu despeito:

Ó minha capital sombria – ao meu ouvido grito –
Minha soturna capital que em ruínas convalesço,
Cessa este velho jogo, velho e gasto,
Com que me fazes desvestir-me pelo avesso.

A Voz Poderosa

Ó pedras sobre pedras, cor das pedras!
Quem pode suportar tuas lamúrias
Além dos muros que calaste a mãos de cal?

A Voz Pequena

Ai balanços do meu Canto!

Ai seda rancorosa a corroer-me o cérebro!

Ai lamúrias de mel e orvalho sobre as folhas,
Enlanguescei-Lhe os lábios de alumínio!

A Voz Poderosa

Eu te conheço, ah! te conheço, apenas te conheço.

Mas se não és quem desespero,
Se nunca o foras, nem teus passos.
Sabe que existe ainda o eco dos teus passos,
O eco e suas lâminas
E suas lâminas de vento
De vento frio, cujo frio
Rasgando a pele delicada dos meus tímpanos
Perturba o deslizar do outono em meus coxins.

Não sentes a engrenagem sinistra de tuas pálpebras,
O áspero deglutir de mandíbulas duras
Sobre o MEU ar, meu leve ar suave?

Por isso e mais aquilo sabe agora:
Turvos de ver-te os rios de meus pulsos
Deságuam em si mesmos, mais se escuram.

A Voz Pequena

Escuro e falso dado de seis fauces,
Pela manhã em minha palma te insinuavas,
Tuas faces diversas porém todas alvares...

A Voz Poderosa

Contempla tua sombra ao meio-dia em fuga.
Já não podes fugir, nem procures tuas unhas,
Pois teu corpo resiste aos apelos do chão.
Firo tua garganta a pétalas a pedras
E tens terra nos olhos, terra sob o sangue,

Mas o corpo resiste aos apelos do chão.

A Voz Pequena

Cercado estou de meu corpo
Que rosna surdo ao meu sonho
Em ronda contra o meu sono.

A Voz Poderosa

Por isso e mais aquilo Eu te condeno.

A Voz Pequena

A custo do meu sangue extraio um rio
Ora apenas arroio.

A Voz Poderosa

Desde que foste condenado
Ao pagamento e não pagaste,
Por essa mesma condenação

Lanço a mão sobre ti.

DIÁLOGO A UM

– Eu sou o Canto. Cada vez que morres
Eu nasço. Tu vives. Eu vivo sobre.

Eu não sou porto mar
Alto sou, alto
Como a altura de um grito.

O rio que eu fui secou-se nesta rua
Sem mais cor ou saída.

Tu és o suicida dos teus braços,
O morto sem epitáfio,
Eu túmulo e te abrigo.

– Sou o Poeta. O que jaz, sendo vivo.

Bem que eu te sinto, ó tu que apenas moves
Entre a garganta e a língua quando o outono
Com meus olhos escorre.

– Sou o Poeta digo o que não morre.
Morto
Enterrai-me no meu corpo.

DIÁLOGO A DOIS

"A Angústia, Augusto, esse leão de areia..."
(Décio Pignatari)

– A Angústia, Augusto, esse leão de areia
Que se abebera em tuas mãos de tuas mãos
E que desdenha a fronte que lhe ofertas
(Em tuas mãos de tuas mãos por tuas mãos)
E há de chegar paciente ao nervo dos teus olhos,
É o Morto que se fecha em tua pele?
O Expulso do teu corpo no teu corpo?
A Pedra que se rompe dos teus pulsos?
A Areia areia apenas mais o vento?

– A Angústia, Pignatari, Oleiro de Ouro,
Esse leão de areia digo este leão
(Ah! o longo olhar sereno em que nos empenhamos,
Que é como se eu me estrangulasse com os olhos)
De sangue:
Eu mesmo, além do espelho.

CANTO PRIMEIRO E ÚLTIMO

"On meurt, à moins."
(Lautréamont)

Movidos vinte passos desta Pedra,
A dois cantares da orla da loucura
E a menos trevas da segunda treva
Eis-me no cerne da cidade escura.

Vinte passos contados deste muro
(Quando o outro muro não direi a Loba,
A alta fronte do Leão, a Pantera
Maculada em seu pelo, mas o Homem
Maculado em seu sangue, as Mãos do Homem)

Sofridos vinte passos desta **(quando**
As Mãos do Homem são a noite, a noite.
À noite os olhos descem aos meus dedos,
Meus dedos que se fecham sobre a rosa.
À noite a rosa é pedra a pedra é dura
Dura como a manhã dentro da noite)

Pedra mordidos vinte desta passos
(À noite amargo o céu chamamos noite.
Pássaro duro o avião de rapina
Corta o céu com o agudo rostro humano,
Morto em metal, mortal sobre o meu rosto)

Quando passos feridos quando **(à noite**
Um sol doura e é adorado um deus e: "Pecus!"
Gritou a Mão e a outra Mão: "Pecunia!"
Um sol move o rebanho amargo à noite,
De Mão e Mão – seu coito – concebido,
De Mão em Mão guardado e distendido,
Pecus Rublo Pecus Dólar move-se
O rebanho de pedra e eu fico em pedra)

Vinte passos cortados do meu corpo,
Tendo os olhos por guia – os referidos –
Dispostos em meus dedos recurvados,
Aqui restar meus pés até que o incêndio
De minhas fontes se consume e o vento
Carregue as cinzas do que era o meu rosto.

O SOL POR NATURAL

1950-1951

Para Solange Sohl

ses vezer

Quem tirou nunca o sol por natural?

Sá de Miranda

Ofertório

Sol, espelho do sol, outro sol, doña sol.
Oponente do sol, distribuidora de belezas.
Lúcida mão sobre os meus olhos, lago.
Aplaca-me, eu o rude, aura luz alba
Nascida, alimenta-me de ouro
Gêmea da luz
E SOL.

1

Ao meu forçoso amigo – o ar – às vezes peço
A voz de Solange Sohl, serena de ouro.
E o ar, douto rei sem amor,
Se escuta o meu pedido
Morre como um rei sem sentido.

Olhando para além do ar e vendo
O céu azul, a ele também me estendo
Doloroso e unido.
Porém o céu – assim aprendo –
É ar e ar reunido.

Esta amiga segura – a sombra – enfim
Ela me disse, a esfinge:
– A voz de Solange Sohl, senhora
De ouro, a voz
De Solange Sohl, pomba sonora,
O ar – rei amável – a devora.

2

Como pousado não
Sobre a árvore do ouvir,
Solange Sohl ave
De ouro andorinha
Fechou as alas e é.

O Poeta ergue a mão
Sinistra e a mão direita
E com ambas do chão
A sua alma estreita.
Depois deixa pender
A certa e cobre os olhos
Com a menos segura.
Depois se vê cansado
E com uma flor escura
Dom quixote chorando
Contra os moinhos grandes
De vento do Poema.

Mas a Solange Sohl
Sem fim ele saúda,
Com voz e lábio, com
Um tão verde vocábulo
Como um ramo de dores
Em um pulso parado.
Com versos como vermes
Roedores da cor do
Seu coração coroado:
– Ó insula Solange
Do meu sonho ancorado.

Solange Sohl suprema
Ave de ouro não vê,
Sobre a árvore da pena.
Sob e na pedra dura
A face então serena
O da Triste Figura.

3

Porém o corvo – o qual vereis adiante
Como entrou em meu corpo – o corvo
Disse através do bico que me fere,
De dentro do meu corpo ele disse e imitava
A minha voz partida: – Que sei eu
Da natureza morta de Solange?
Que sei de sua lenda de vidrilhos?
Que sei de sua fome e suas plantas?
Das fábulas e pesos do seu corpo, da medida
Do seu lábio inferior à sua fronte?
Por esse modo posto
Em guerra com a minha voz, assim
Eu respondi por meio dos meus olhos:
– Solitário sem solo ou sol, eu sei.
Sei – através dos lábios do poema –
Sua forma de cinzas entre a morta
E a viva natureza do seu canto.
Sei a sua amargura contra a idade.
Aquele enterro de unhas pelo mar,
Aquele mar, aquele mar, aquele mar,
Aquele mar parado, só eu sei.

Porém o corvo disse
(Com a minha voz):

4

– Solange Sohl existe? É uma só?
Ou é um grupo de vidros combinados? Uma lenda
Medieval que vestes de neurose? Por certo
Esta armadura não te queda mal,
Ó meu Beltenebroso sem corcel.
Forçoso é acrescentares uma rosa à mão,
E mais, desenterrares o antigo arrabil,
Assim mui gentil e homem poderás planher
Teu sobrafã de sobramar
Solange Sohl em forma de ar.
Muitos – como vereis – e incongruentes são
Os dons que à referida atribuiu a rude
Tua mente cansada.
Solange Sohl, leoa sobre-humana
Encarcerada em uma jaula de ouro.
Solange Sohl, doutora e silenciosa
Sob o peso dos cílios.
Solange Sohl, fontana submersa.
Solange Sohl, senhora silandeira
Com o sonho tecido em seu regaço.
Solange Sohl, Solange Sohl, Solange Sohl,
Solange Sohl, como prata soando.
Solange Sohl? A tua mesma sombra. Que roda
A velha ronda solar em torno do teu corpo.
Agora aí te deixo como um cão de diamante
Tornado e mudo.
Como um imenso ouvido que se abre
No alto de uma árvore.
Como uma estátua que se desmorona.

5

Com metade do rosto em apodrecimento
E ambos os olhos
Salvos e recolhidos à minha mão direita,
Assisto de frente e fronte descoberta
A uma grave estação de encantamento:
Solange Sohl, nascida de ouro, perde a cor dos seus olhos.
Os delicados membros se reduzem compondo
Frutas podres enterradas em um quadro.
No ato de arremessar mão e olhos ao mar
Permanecendo assim enxuto e breve,
Consigo que Solange volte ao estado de ave.
Com um prego em seu coração, todavia.
Contemplo a forma adunca enferrujar-se e roer de ferrugem
O puro coração partido.
Percebo ainda o grande ódio crescer um punho no meu pulso.
O qual arranca o amargo prego do músculo sagrado
E o enterra em meu peito onde ele vem cumprindo a dura
Sua lei de ferrugem.
A derradeira forma de Solange é o ar.
Desliza o sangue de Solange pelos rubros
Cabelos seus agora e já sem cor.
Sobre o nome sagrado de Solange
O ar sempre maior, pai da forma volúvel,
O ar estende o seu nome imensurável.
O sangue de Solange cobre o Sol.

6

Solange Sohl existe. É a morta luminosa.
A mim cortou o coração com um dobrar de olhos.
Ela recebe em sua palma o meu coração quente.
Ela morde o meu coração como um fruto jovem.
Luminosa! Quem a diria capaz de tanta e estreita morte,
A devoradora desse triste músculo esforçado?
Solange Sohl existe armada no ar
Com toda a sua imensa estrutura de vidro.
Borda com suas finas mãos no ar
A ave criada para residir em meu corpo
No lugar em que foi o meu coração cortado
E nesse lugar ele se encurva,
O corvo.
Solange Sohl dispõe os lábios no lugar da ferida
De modo que esta se feche e o corvo dentro.
Logo esse pássaro triste abandona o meu peito.
Aí onde é a minha garganta, aí ele se agarra,
Aí, onde começa a voz.
Por que a minha voz é negra,
A qual espalha cinzas em lugar de palavras,
Cinzas que vão ao mar e o mar espalha sobre
O mar, detrás do qual existe
Solange Sohl.

AD AUGUSTUM PER ANGUSTA

1951-1952

1

Aqui, São Barrabás,
Perco a razão e o pé.
Tendo chegado até
Aqui: "Não roubarás."

Outrora ódios emblemas
Ostentei amiúde.
Joias palavras. "Temas
Da extrema juventude"?

Ó Húmor, magra hiena,
Nos mortos se compraz
Tua fome pequena:
– Aqui, São Barrabás.

2

A Deus, o grande ateu,
Não descubro nem visto,
Adeus e apenas isto
Deixo-lhe: o que me deu.

Antes, deixo viver.
Melhor, deixo-lhe o nome
E a faina de morder
Sua unha de fome.

O que Judas vendeu
À morte e disse: – Deus.
Por mim? Lamento. Meus
Pêsames se morreu.

Deus ou Rei dos Judeus?
Judas, Judas e deus.
A mim vendem a prazo
À vida e aqui jazo.

3

Aos que me entram a cor
Dos olhos, deixo sobre os
Olhos ao meu dispor:
– Amos. Atos. Cros. Obros.

Aos mais, em não os vendo,
Sem mais, sempre oferendo
O óbolo dos meus ombros:
– Um sacudir de escombros?

4

A Haroldo, Augusto, Décio
Pignatari não deixo
Senão este desfecho

De ouro ou pranto férreo:
O seu duro mister e o
Nosso magro destino:

– Roer. Roer o fino
Umbilical que vem da
Palavra lida à lenda.

O meu: – Morrer à míngua,
Entre uma tempestade
No copo e um lapsus linguae.

5

A Lucy, quando escreve
Contos para ninguém.
A Lucy, quem lhe deve
Brincos, homem de bem,

Deixa em fadas, em neve
Lúcida e alucinada.
Cartas e esta breve
Chama entre a luz e nada.

6

A Sorte? Ela se move
Como quem não se move.

Ela decide e enterra
(Cara ou coroa?): a Sorte.
Onde estou? Finisterra.
Caia e corroa a morte.

Mas a Solange eu lego
Meu coração ex corde.

7

Nisso não cogitastes,
Heróis de suplemento:
Vossas letras e artes
Apodrecem no Tempo.

A vós, tempus tacendi.
Deixo aquilo que tendes.

Deixo-vos as luvas
Da Vaidade. Deixo-
Vos as sanguessugas
Gordas do Sucesso.

8

– Sombra, velho menino,
Sombra, num lento gole:
"O Destino, o Destino:
Freio, açoite do Sol." E...

9

Vou longe. Mar. Amar.
Sempre o mesmo calado.
Tal amor. Calabar
Traidor e enforcado.

O Sol é uma criança
De brilho, que não cresce.
A Balança, a Balança:
Um sobe. O outro desce.

Ó remos, onde iremos?
Cortais polo e equador
Com igual dor, ó remos?
Oremus. Doloremus.

Ascendo, ascendo à ilha?
O Sol, como brilha ante
O Mar. Eu sigo adiante,
Pérolas na virilha.

Vou longe. E o Sol não.
Coração, "Sursum corda!"
Sol longe. E eu inclinado.
"Acorda, coração!"

A bússola solange
Perdeu a direção.
Vou longe. Cão da noite.
Sarna do Grande Cão.

A Serpente me inflama
A escama sibilina.
O Mar cede-me a cama
De água que não termina.

Ó lua lira aluna
De porte e postura.
Fechou-se a armadura:
– Marcabrun marcabruna.

O meio-dia brilho.
Baralho. Maravilho.
O sono me enrodilho
Na noite como um filho.

E se ao espelho digo:
– Quem sabe onde é o rei?
– Amigo, amigo, amigo,
Ignoro e não sei.

10

Deus-ó-deus, onde estou?
Em que lenda? Em que homem
Estou, Deus desusado?
Já cansei o meu nome.

Onde estou? – Em alguma
Parte entre a Fêmea e a Arte.
Onde estou? – Em São Paulo.
– Na flor da mocidade.

Nenhuma se me ajusta.
Oh responder quem há-de?
Arte, flor, fêmea ou ...? AD
AUGUSTUM PER ANGUSTA.

OS SENTIDOS SENTIDOS

1951-1952

Malva Melancolia. Em olhos malcolores
Como um lixo (é ouro amansado) se aposenta.
Tamanha Estreita. Num gargalo estreita
Mais a mim Marabu finado entre os ombros,
Murcho rei Nepentus Menos dos longilíneos.

Filtrar pelas narinas o martírio:
Uma aquamorta em sílabas compridas
Como ferir a fina flor das pleuras
Ou sepelir entre olivas papilas
Narsinga, torres de ouro sobre a língua.

O CORAÇÃO FINAL

1

Olhar o desmoronamento grande
da tarde e o das palavras gordas
em glaromas de amil e penubis.
Mover a voz, porém como navios
que afundam nágua sua força finda.
Com estas mornas flores de oromãs
morigerantes ou cansadas corças
em remouro, e palmas árvores, mãos,
dispor gestos delgados, delicadas
pendências, breves milagres, contas
de coloraina em tua pele aromaterna,
e com cuidados-orvalho e penetrando
e com singelos de vidro e penetrando
nesse interregno de tuas coxas

enluernar teu coração de esperma.

2

Separar tuas pernas como as asas
de uma ave aberta a todo marfim. Esta vôa
com o artifício. Tu, porém, ao inverso,
ficas parada, mole. A altura se desmancha
e cais, não te deixas cair, cais
enlevando teu rosto na queda como um pálido
náufrago do teu próprio peso, sobre
arbustos, a dolorosa escada, a pedra. E és somente
a planta de tua nudez, o fruto acendido,
formoso, recalcado, coral, paulatino,
humilde, caviloso, horrendo, armado, imóvel.

3

O sonho de mel de uma abelha esfuziante
adormentada dentro de um favo. Despertá-la?
Um peixe endurecido como uma península
a encher o vazio. Um corredor (Esponjas
quando à penispenumbra se esclarece uma lâmina carnívora,
um estojo de pelos espiralados, um claustro
englutido, uma sangria nepenta
destilatória, uma cornucópia enrugada, uma brânquia, uma
boca. Por entre os corpos
cavernosos o sangue incha uma repleta
sanguessuga carnosa. Explode
a abelha.) longo.

4

Ter penetrado o grande corpo curvo
a circular que é o sinuoso corpo
grande, penetrado onde o centro
se concentra e elabora a obra mortal
da vida, maleado a reta coluna
vertebralamorosa, cingido o duplo
aprumo do corpo, a pele e a pleura que agasalha
a ronda do sopro, ludibriado
com a decadência dos dedos em luditonales
e intrincados candelabros e bricabraques dos braços, iludido
o enredo dos nervos e a pubistarântula, tocado
o coração final, o centro. Aqui a vitória
quebrou a vitória. A beleza, a beleza.

OS SENTIDOS SENTIDOS

1

A língua: a lânguida rainha melancálida
enrolada em seu bathbreathbanho palatino,
a sempitépida, a blendalmolhada a alqueblându-las
cobras corais como cópulas de oravoz.

2

Os lábios: chaves de alveolava
que levam ao lago do peixe-cisne do beijo.

3

Escondem uma serpente os ouvidos
que se alimenta de insetos justos de seda rei espiralada
som.

4

Plorar: arcar com a plúvia em lágrimas alarmes.
Gonflamos amplos lenços por dolorosos
olhos, fenestras dágua.

5

Flairar: claras narinas grânulos smelluftolor
plumas de sopro atmenalento ex hausto lento.
Aspir, expir, inspir, suspir. Ar. Flairar:
Softflores.

...lenda. A chuva é a chuva
sobre nós e é lenda.
O céu, azul cabal ao longe,
é o ar de perto. É lenda.
O amor que a mim comove
e a qualquer homem o baixo ventre, o baixo
ventre e também os seios às mulheres,
o amor que enverniza a flor, o mal, a fúria
de dois leões que ferem a pele
do amor e não o cerne
do amor que a mim comove o alto
coração como o alto
ar que aura a fronte da acrobata é
lenda? Um círculo
(que são dois brincos
senão o lento vidro
por onde ivório o amor, uma criança
empalhada e com guizos?)
vicioso. É lenda?

Podes ser falsa e oscilas como o riso
da fímbria do rictus de um olho de vidro
do prateado poeta para a vida,
ou como a serpente estendida
sob a escama sibilina.
Come a flauta, o poeta,
alisa tua seda. É lenda?
O nome quer brilhar a língua: LYNGUA.
É lenda.
A própria lenda é lenda além da...

Esperança oh magna
cadela
regina com fome
que abraças o esqueleto no corpo
de um espantoso noivo
taciturno e apoiado em seu anel.
Oh aranha esperança
aranha esperança ar
anha esperança
treva as coxas grand'abertas
e uma pequena relva
– e ali deixar nossos pelos,
magros joelhos.
Descansa o ventre esperança com um peixe
insinuoso entre as pernas desenrola
a sempiterna seda sobre a seda
de uma coxa que cresce (eu poro eu pele)
espiral esperança granda granda.

Ar triste. O Artista. Olho:
preso entrepálpebras ferrenhas.
Gladiatouro inc'oyable polindo as unhas
friáveis pardelicatesse
à lâmina de sua alma meltrretida.
Nocto malabar(rindo)arabe-
língua (com sopro)
atravesrelva move um pouco
os talos e
arrefece.

O POETA EX PULMÕES

o poeta ex pulmões
puls'harpas amplorosos
acórdeons ao fim dois
ares rarefeitos:

fará aflorábios "amo"
beijará
Lygia por uma fímbria?

(niña
Voz)

bel

    (a língua aravia
    ongavia abrevia
    pedra pedraria
    rei Ofim rei Ouvi-la)

ten

    (iña Voz veueta
    d'or fluor
    de vidr'
    a l'afalac de l'
amor) e broso
plant'um
ouvido em seu jardim

quem
deplora polos olhos
damor
uma letra

quem
diadema pelos dedos
tâmara
sobre a têmpora

quem
rainha pelos lábios
a m(bem, bem)água
me

por
um
cal
inho
no seu
meu deu
dia
s dedo
esmago um amuleto
escrito
"schicksal schicksal"
hu
m
orto

morde o grito

o poeta um pequeno
petit petit petilit
tle
dedo
sobre o botão do seio
com uma joia dentro

o poeta fragrante
narina sobre o flóreo
poro

o poeta uma boca
lalipslíngua contígua
lygia

ah ah oh ah oh ar
amameameambos
com o mesmo galgo
calado aplacare

o amor amor é mais
que o cio de um esquilo

a morte
amor te
engole
peromnia
augulygia

POETAMENOS

1953

ou aspirando à esperança de uma

K L A N G F A R B E N M E L O D I E
(melodiadetimbres)

com palavras

como em WEBERN:

uma melodia contínua deslocada de um instrumento para outro, mudando constantemente sua cor:

instrumentos: frase/palavra/sílaba/letra(s), cujos timbres se definam p/ um tema gráfico-fonético ou "ideogrâmico".

∴ a necessidade da representação gráfica em cores (q ainda assim apenas aproximadamente representam, podendo diminuir em funcionalidade em ctos casos complexos de superposição e interpenetração temática), excluída a representação monocolor q está para o poema como uma fotografia para a realidade cromática.

mas luminosos, ou filmletras, quem os tivera!

reverberação: leitura oral – vozes reais agindo em (aproximadamente) timbre para o poema como os instrumentos na klangfarbenmelodie de WEBERN.

por

suposto:

'scanto

eu

rochaedo

meu

rupestro

cactus

ab

rupt

ao mar: us

somos

um unis

sono

poetamenos

no

entrei ah

inpubis figueiral

jardim figueiredo

braços

suspenso

petr'eu mim

exampl'eu fêmoras a ellla

sus pênis

flagrante

ad nauseam

e s p a l (s) m a s jardim

caem joelhos debonança

penso

paraíso pudendo

lygia finge

rs ser

digital

dedat illa(grypho)

lynx lynx assim

mãe felyna com ly

figlia me felix sim na nx

seja: quando so lange so

ly

gia la sera sorella

so only lonely tt-

l

nossos dias com cimento

conchiglia

e o menoscabo em cubos

menos cubos como dias

men digos ao cabo frio

ao

fim

do triste

há manchas no assoalho

mendigos são os que sentam

dois nos bancos da praça ao

vento tão ventre

segurando tant o

as mãos s passos

e em boa noite e até per amanhã

t e a té t e afã

bem guntam fim?

eis

os

amantes sem parentes

senão

os corpos

irmãum gemeoutrem

cimaeu baixela

ecoraçambos

d u p l a m p l i n f a n t u n o (s) e m p r e

semen(t)emventre

estesse aquelele

inhumenoutro

dias dias dias

sem

uma

esperança linha deum só dia

expoeta expira: minh ahcartas

sphynx e a n ão p artas

gypt y g mor –E avião voas?

–Heli s sim sem ar

L EMBRAS amemor fim confim sim

es DEMIMLYG IA e far par avante

se stertor AR

rticula: s e p a r a m a n t e

ohes OH SE ME tele NÃO

se – Urge t g b sds vg filhazeredo pt

segur sos se só segúramor

LEMBRA E QUANTO

BESTIÁRIO

1955

Bestiário

para fagote e esôfago

1955

sim
o poeta
infin
itesi
(tmese)
mal
(em tese)
existe
e se mani
(ainda)
festa
nesta
ani
(triste)
mal
espécie
que lhe é
funesta

ao
ver-se
perse
guido
bufa
lo se
esconde
flor de
estufa
sua
língu
a conde
corada
a extingu
ir-se

ou
para
sita
para
lí
ti
co
se
equi
(con
dor)
para
(no
voo)
libr
(à
brisa)
ista
à
seca
lista
de
zebra
em
zoo

se
t e m
f o m e
c o m e
f a m a
c o m o
c a m a
l e ã o
c o m e
ar

al
moço
antes
doce
do
intes
tino
fino
ao
gr
osso

mais
baixo
que
o
lixeiro
que
cheira
a
lixo
mas
ao
menos
tem
cheiro
o
poeta
lagartixa
no
escuro
bicho
inodoro
e
solitário
em
seu
labor
atório
sem
sol
ou
sal
ário

e
esta
a
cate
goria
oficial
do
vate
a
quem
como é justo
se esbate
– assim que se mate –
o
augusto
busto

o

n o v e l o

o v o

o v o

e

l

o

1954-1960

e e

m sm s m rt

o o o

mumi

sep

ult um ulul lut tumulult

imo

s

alt tal

∀mor

o v o
n o v e l o
novo no velho
o filho em folhos
na jaula dos joelhos
infante em fonte
f e t o f e i t o
d e n t r o d o
centro

nu
des do nada
a t é o h u m
a n o m e r o n u
m e r o d o z e r o
crua criança incru
stada no cerne da
carne viva en
fim nada

o
p o n t o
onde se esconde
lenda ainda antes
e n t r e v e n t r e s
quando queimando
o s s e i o s s ã o
p e i t o s n o s
dedos

no
turna noite
em torno em treva
turva sem contorno
morte negro nó cego
sono do morcego nu
ma sombra que o pren
dia preta letra que
s e t o r n a
sol

com
som

can
tem

con
tem

ten
são

tam
bem

tom
bem

sem
som

```
      o
  n o v e l o
  o v o
o v o             s o l
  e               o
  l               l e t r a
  o               e
              e s t r e l a     t
              s   r             e
      s o l e t r a             r
      o   e   r                 r
      l   t   e                 e
          r   l             t e m o r
          a   a                 o
                        t       t     t
                        e     m o r t e
              t e r r e m o t o       r
                        o     r       m e t r o
                        r     t       o
                            t e r m o       m   m
                                  e       m o t o r
                                  t     m o t o r
                                  r       t o r t o
                                  o     m o r t o
                                          r   o
```

vê ne

não ve

vê né

não voa

vê nu

não vem

vê num

não véu

vê nus

V

vidavidavi
da   da
vi   vi   vi
davida   da
             vi
davidavida

eixoolho
polofixo
eixoflor
pesofixo
eixosolo
olhofixo

uma v e z

uma fala

uma f o z

uma v e z uma bala

uma fala uma v o z

uma f o z uma vala

uma bala uma v e z

uma v o z

uma vala

uma v e z

sem um numero
um numero
numero
zero
um
o
nu
mero
numero
um numero
um sem numero

início		
meio	**início**	
fim	**meio**	**início**
no	**fim**	**meio**
fim	**no**	**fim**
meio	**fim**	**no**
início	**meio**	**fim**
	início	**meio**
		início

som sem c o r
c o r sem som

som com som
c o r com c o r

som sem som
c o r sem c o r som
com c o r

c o r com
som c o rsom
somc o r
c o rsom
c o r o

um tempo
de espaço em espaço
um tempo

um espaço
de tempo em tempo
um espaço

um tempo
um espaço de tempo
um espaço

um espaço
em tempo de espaço
um tempo

q u a d r a
q u a d r a
q u a d r a q u a t r o
q u a d r a q u a t r o
q u a d r a q u a t r o
q u a d r a q u a d r o
d q u a d r o
q u a d r o q u a d r a
q u a d r o d
q u a d r o q u a r t o
q u a d r o q u a r t o
q u a d r o q u a r t o
q u a d r a q u a d r o
d q u a d r o
o q u a d r a
d
o

p
p l
p l u
p l u v
p l u v i
p l u v i a
f l u v i a l
f l u v i a l
f l u v i a l
f l u v i a l
f l u v i a l
f l u v i a l

flor	**da**	**boca**	**da**	**pele**	**do**	**céu**
pele	**do**	**céu**	**da**	**flor**	**da**	**boca**
céu	**da**	**flor**	**da**	**boca**	**da**	**pele**
boca	**da**	**pele**	**do**	**céu**	**da**	**flor**

c o l o c a r a m a s

c a r a c o l o c a r

a m a s **c a r a c o l**

o c a r a m a s **c a r**

a c o l o c a r a m a

s **c a r a c o l** o c a

r a m a s **c a r a c o**

l o c a r a m a s **c a**

r a c o l o c a r a m

a s **c a r a c o l** o c

a r a m a s **c a r a c**

o l o c a r a m a s **c**

a r a c o l o c a r a

m a s **c a r a c o l** o

c a r a m a s **c a r a**

GREVE

1961

arte longa vida breve

escravo se não escreve

escreve só não descreve

grita grifa grafa grava

uma única palavra

arte longa vida breve

escravo se não escreve

escreve só não descreve

grita grita grafa grava

uma única palavra

GREVE GREVE GREVE GREVE

GREVE GREVE GREVE GREVE

GREVE GREVE GREVE GREVE

GREVE GREVE GREVE GREVE

GREVE GREVE GREVE GREVE

GREVE GREVE GREVE GREVE

GREVE GREVE GREVE GREVE

GREVE GREVE GREVE GREVE

GREVE GREVE GREVE GREVE

GREVE GREVE GREVE GREVE

GREVE GREVE GREVE GREVE

CIDADE
ACASO
LUXO

1963-1965

CIDADE

1963

ACASO

1963

s o c a a
o s c a a
s c o a a
c s o a a
o c s a a
c o s a a

s o a c a
o s a c a
s a o c a
a s o c a
o a s c a
a o s c a

s c a o a
c s a o a
s a c o a
a s c o a
c a s o a
a c s o a

o c a s a
c o a s a
o a c s a
a o c s a
c a o s a
a c o s a

s o a a c
o s a a c
s a o a c
a s o a c
o a s a c
a o s a c

s a a o c
a s a o c
a a s o c
o a a s c
a o a s c
a a o s c

s c a a o
c s a a o
s a c a o
a s c a o
c a s a o
a c s a o

s a a c o
a s a c o
a a s c o
c a a s o
a c a s o
a a c s o

o c a a s
c o a a s
o a c a s
a o c a s
c a o a s
a c o a s

o a a c s
a o a c s
a a o c s
c a a o s
a c a o s
a a c o s

LUXO

1965

POPCRETOS

1964-1966

breve exposição sobre uma explosição de expoemas

popcretos

colhidos e escolhidos
no aleatório do ready made
de agosto a novembro de 1964
por uma vontade concreta

SS: a ambígua SSemântica das SSiglas. o papa, a gestapo, o soviete supremo, o monoquini. a fisiognomia das letras. de símbolo abstrato e signo icônico, vice-versa. 2 meses de raiva nos jornais. recortes. revólucros. geSSy, eSSo, modeSS. a fala da tribo. detalhes-detritos da realidade. a liberdade em letras. o caos antropofágico brasileiro redestruído pela manchetomania de um anarquiteto.

(O ANTI-RUÍDO: "dal centro al cerchio e sì dal cerchio al centro" (dante). explosão-implosão nuclear de palavras. da crônica social à crítica social. das re-finadas palavrinhas grã-finas — nat(natalício), deb(debutante), etc. — ao sufocado palavrão popcreto. grã-grosso. a ser preenchido "ad libitum" pelo leitor-visor-autor.

GOLDwEATER: o papaouro. 2 maços de cigarros goldleaf (made in london, todo um status social) — leaf + uma moeda de chocolate. a contaminação do ouro. do signo carregado de iconicidade (gold + cor + textura) ao não-signo (quadrado branco) semanticamente contaminado. o máximo e o mínimo de redundância. da desintegração do objeto à autoantrouropofagia semântica: moedas comidas.

OLHO POR OLHO: ou a olhos vistos. ou, de novo, "questo visible parlare" (dante). ou "ver com olhos livres" (oswald). videograma pop. revistas re-vistas. stars, starlets, políticos, poetas, uma onça preta, pignatari (décio), o uirapuru, pelé, sousândrade, aves, faróis, a máquina de lavar, sinais de tráfego. olhos. metamorfoses. bocas. a boca (dente por dente) de BB. uma babel do olho. haroldo batizou: BABOEIL.

pop em parâmetros concretos: construção, intencionalidade crítica.

qualificar a quantificação. quantilificar a qualitidade em quantilates. quilomiletrilímetros a vencer. inventariar & inventar.

no escolho da quantidade a qualidade da escolha: o olho.

concreções semânticas.

out-nov 1964

(Do catálogo da exposição realizada com Waldemar Cordeiro na Galeria Atrium, São Paulo, dezembro de 1964.)

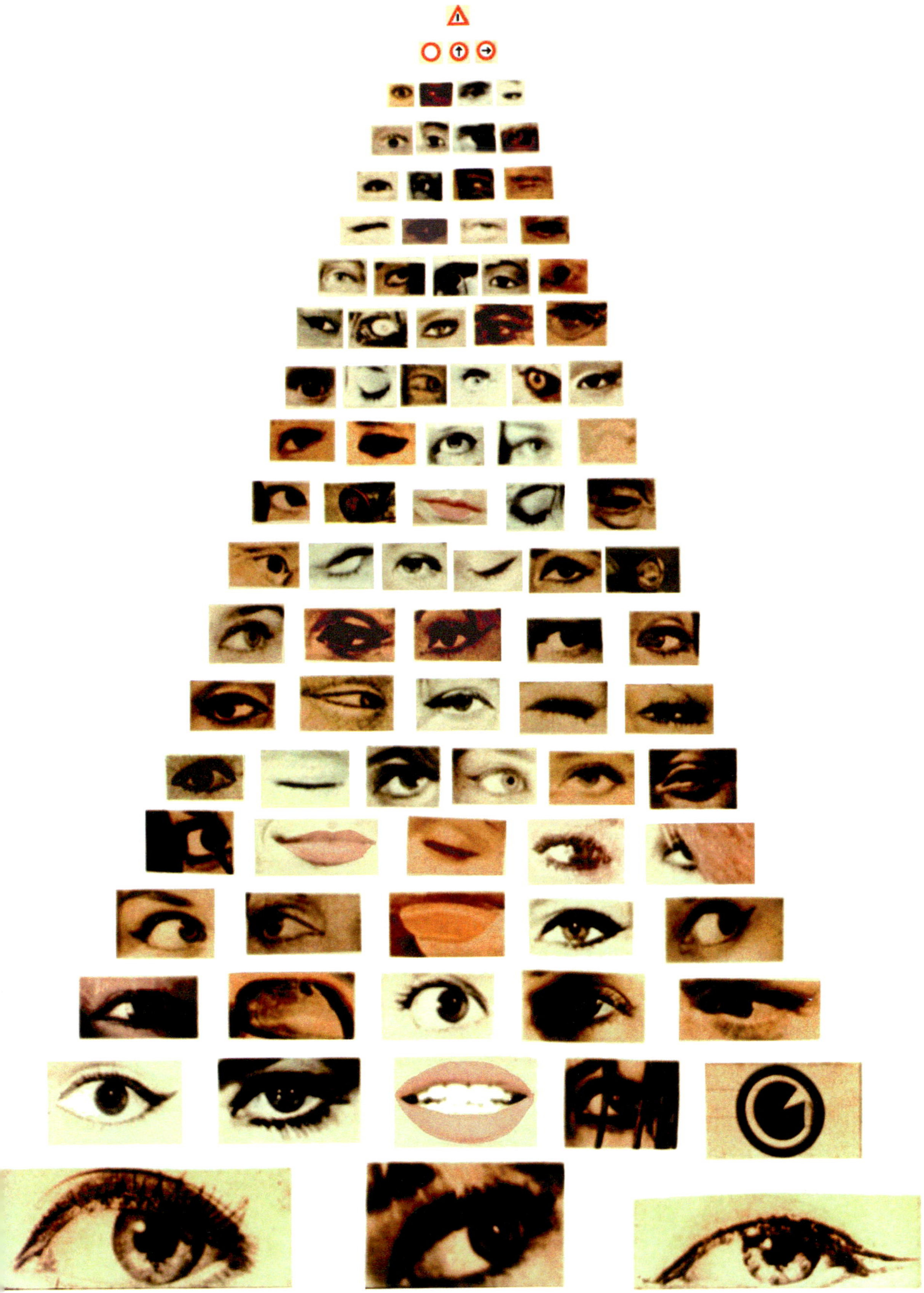

SS

1964

OLHO POR OLHO

1964

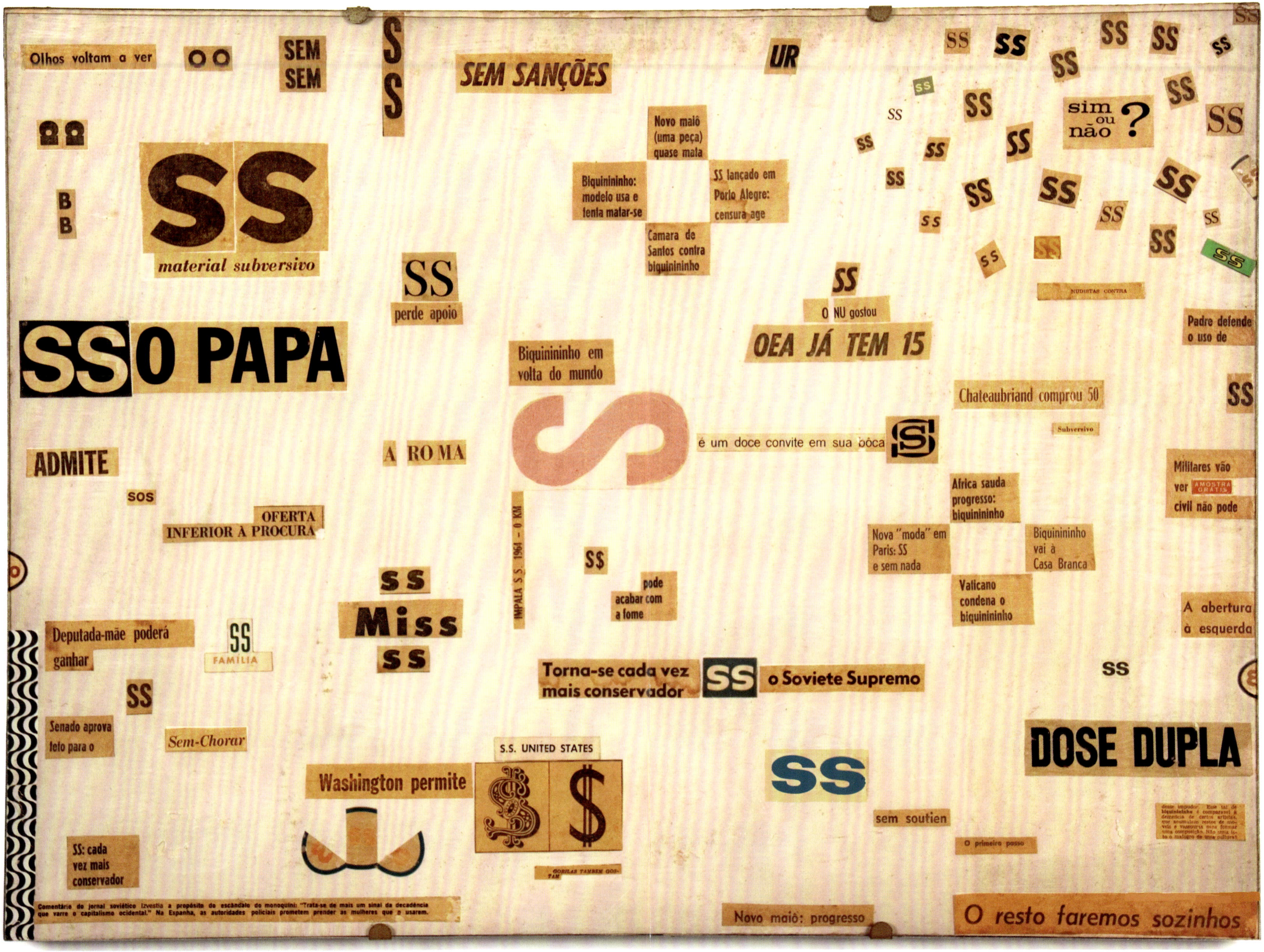

Olhos voltam a ver
SEM
SEM
SEM SANÇÕES
UR
SS
material subversivo
Novo maiô (uma peça) quase mata
Biquinininho: modelo usa e tenta matar-se
SS lançado em Porto Alegre: censura age
Camara de Santos contra biquinininho
sim ou não ?
SS
perde apoio
O NU gostou
OEA JÁ TEM 15
NUDISTAS CONTRA
Padre defende o uso de
SSO PAPA
Biquinininho em volta do mundo
Chateaubriand comprou 50
Subversivo
é um doce convite em sua bôca
ADMITE
A ROMA
SOS
OFERTA INFERIOR À PROCURA
IMPALA S.S. 1964 – 0 KM
Militares vão ver
AMOSTRA GRÁTIS
civil não pode
Africa sauda progresso: biquinininho
Nova "moda" em Paris: SS e sem nada
Biquinininho vai à Casa Branca
Vaticano condena o biquinininho
S$
pode acabar com a fome
Miss
A abertura à esquerda
Deputada-mãe poderá ganhar
FAMÍLIA
Torna-se cada vez mais conservador
o Soviete Supremo
Senado aprova feto para o
Sem-Chorar
S.S. UNITED STATES
Washington permite
DOSE DUPLA
sem soutien
O primeiro passo
SS: cada vez mais conservador
Comentário do jornal soviético Izvestia a propósito do escândalo do monoquini: "Trata-se de mais um sinal da decadência que varre o capitalismo ocidental." Na Espanha, as autoridades policiais prometem prender as mulheres que o usarem.
Novo maiô: progresso
O resto faremos sozinhos

O ANTI-RUÍDO

1964

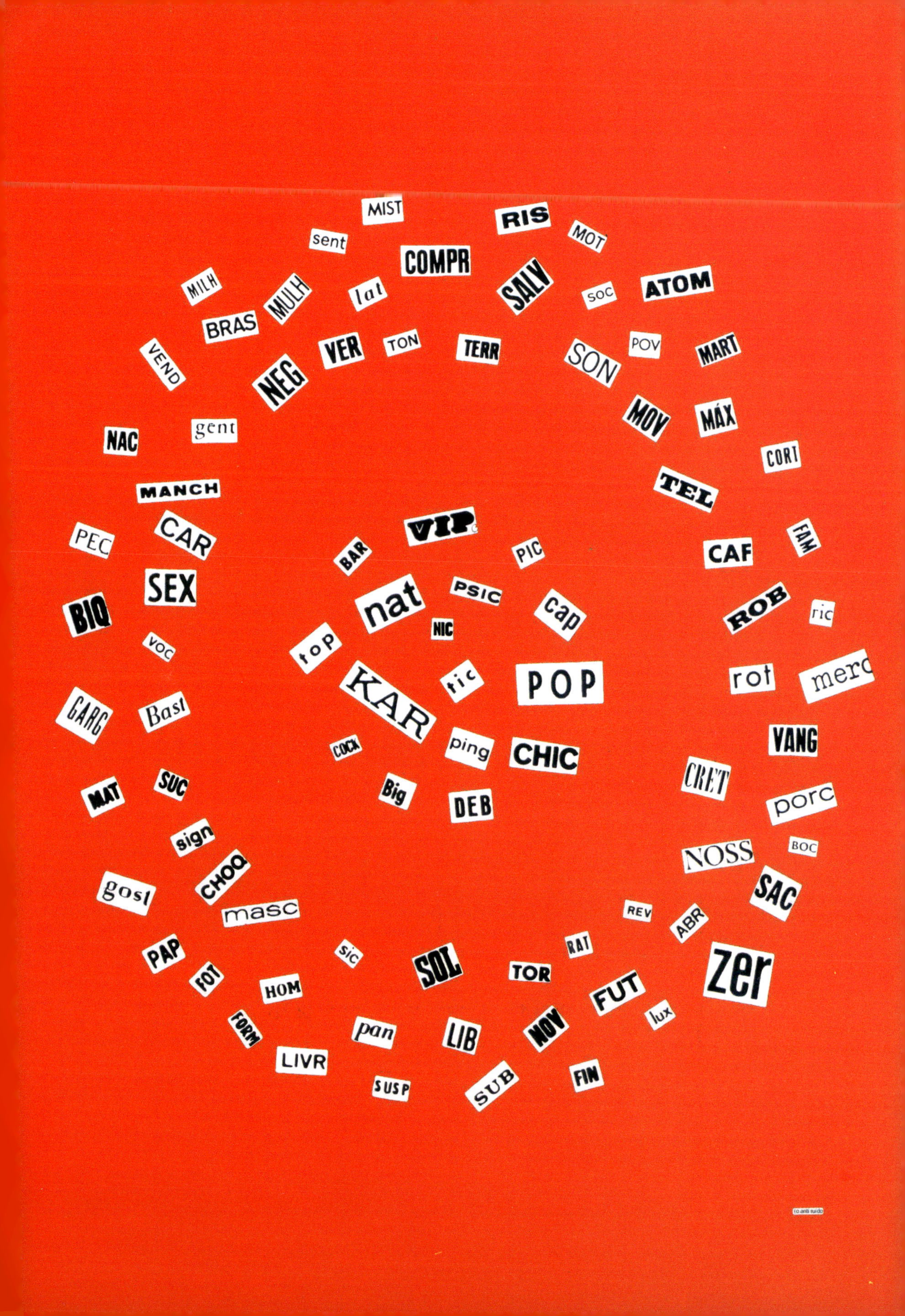
MIST
RIS
sent
MOT
COMPR
MILH
MULH
lat
SALV
soc
ATOM
BRAS
VEND
VER
TON
TERR
SON
POV
MART
NEG
NAC
gent
MOV
MÁX
CORT
MANCH
TEL
PEC
CAR
VIP
PIC
BAR
CAF
FAM
SEX
PSIC
nat
BIQ
cap
ROB
ric
NIC
voc
top
POP
rot
merc
tic
KAR
GARG
Bast
VANG
COCK
ping
CHIC
CRET
MAT
SUC
Big
DEB
porc
sign
NOSS
BOC
CHOQ
gost
SAC
masc
REV
ABR
RAT
PAP
sic
SOL
TOR
zer
FOT
HOM
FUT
FORM
lux
pan
LIB
MOV
LIVR
SUSP
SUB
FIN
(o anti ruido

GOLDwEATER

1964

100
GOLD
GOLD
GOLD
GOLD
GOLD
GOLD
GOLD
GOLD
GOLD
GOLD
GOLD
W
E
ATER
100

PSIU!

1966

TUDO MAIS BARATO
"Saber Viver, Saber Ser Preso, Saber Ser Solto"
mensais
DURA
PAZ
vamos
falar
PSIU
de
dinheiro?
MANHÃ
REVOLUÇÃO
SEM ENTRADA

PROFILOGRAMAS

1966-1974

PROFILOGRAMA 1

pound / maiakóvski

1966

PROFILOGRAMA 2

hom'cage to webern

1972

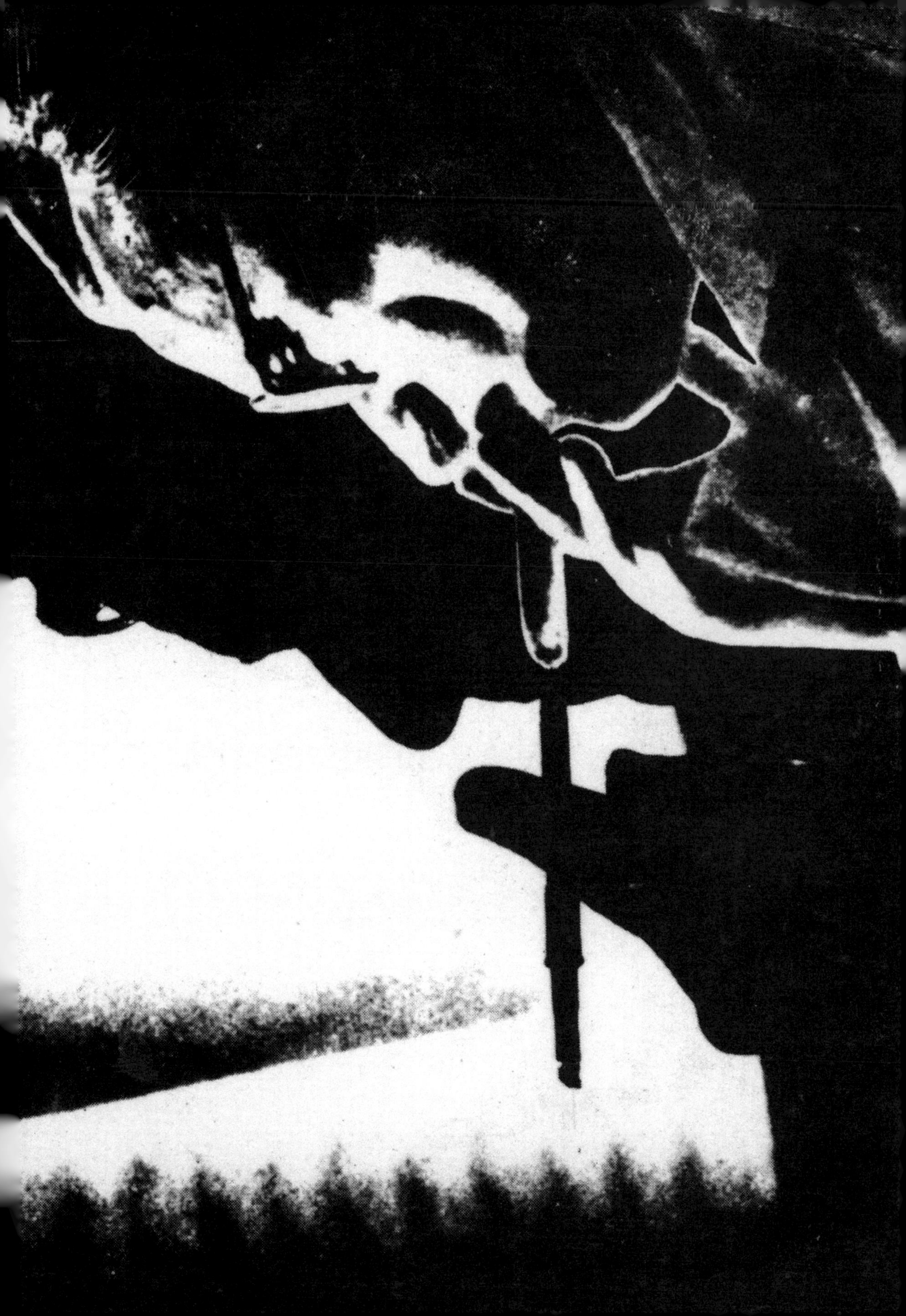

SOUSÂNDRADE 1874-1974

(fotopsicograma)

JANELAS PARA PAGU

1974

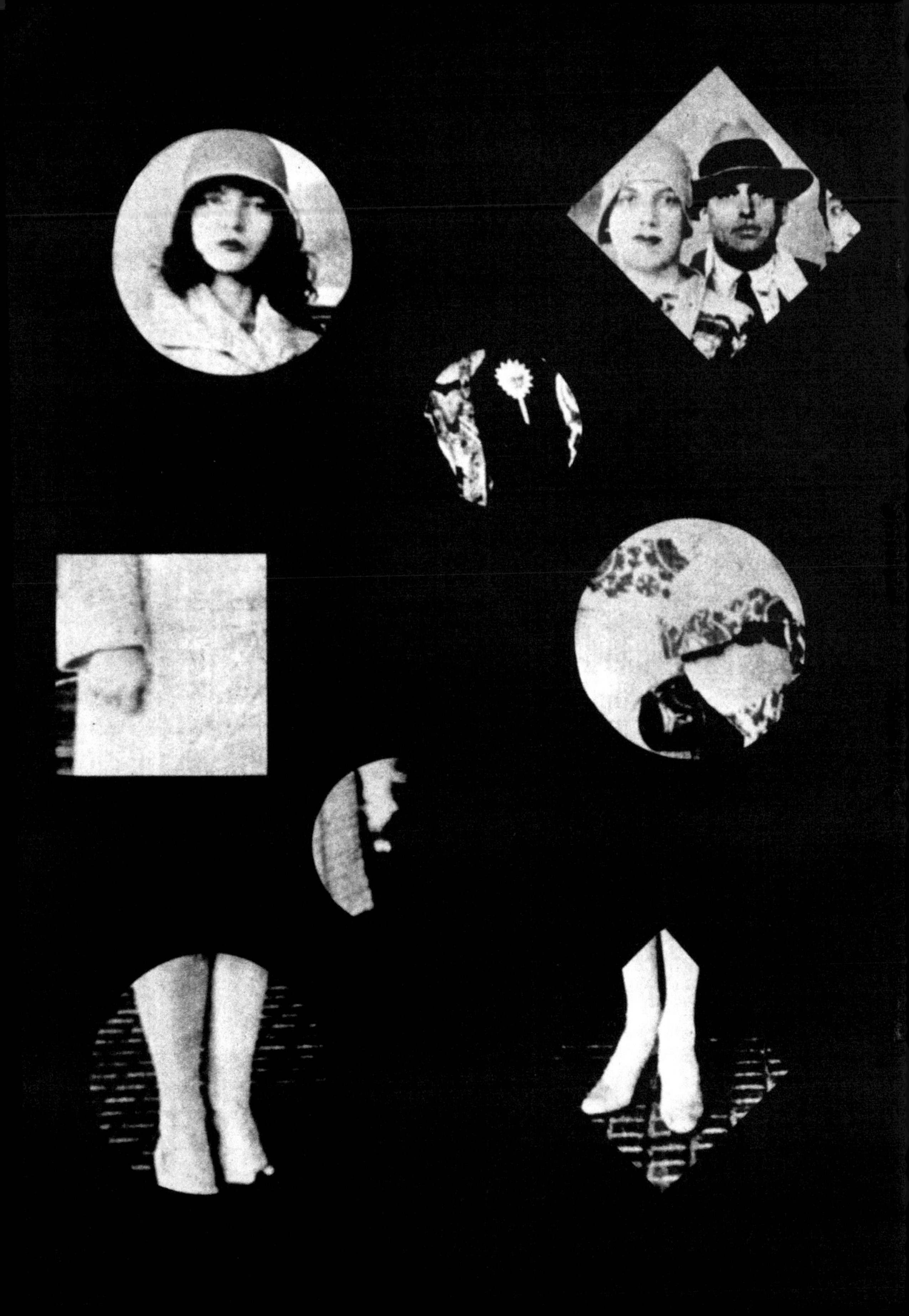

EQUIVOCÁBULOS

1970

NADA

I

R

I

R I S

TRIS

RISTE

TRISTE

ATRISTE

CICATRIS

A TRISTEZA

C I C A T R I S T E Z A

ŒIL

FEU

JEU

FEU
JEU

Y

FEU

J

JEUX

PASSENTE

PRESTURO

FUTUADO

PRESSADO

PASSURO

FUTUENTE

PRESSAURO

A OLHA
A CARPA
A FLOR
O GESTO
A DUVIDA

A M O R

A M O R

A M O R R

A M O R T R

A M O R T E R

A M O R T E M R

A M O R T E M O R

A M O R T E M O R

I N F I N

REVER

REVƎЯ

VIVA VAIA

1972

ENIGMAGENS

1973-1977

CÓDIGO

1973

PENTAHEXAGRAMA PARA JOHN CAGE

1977

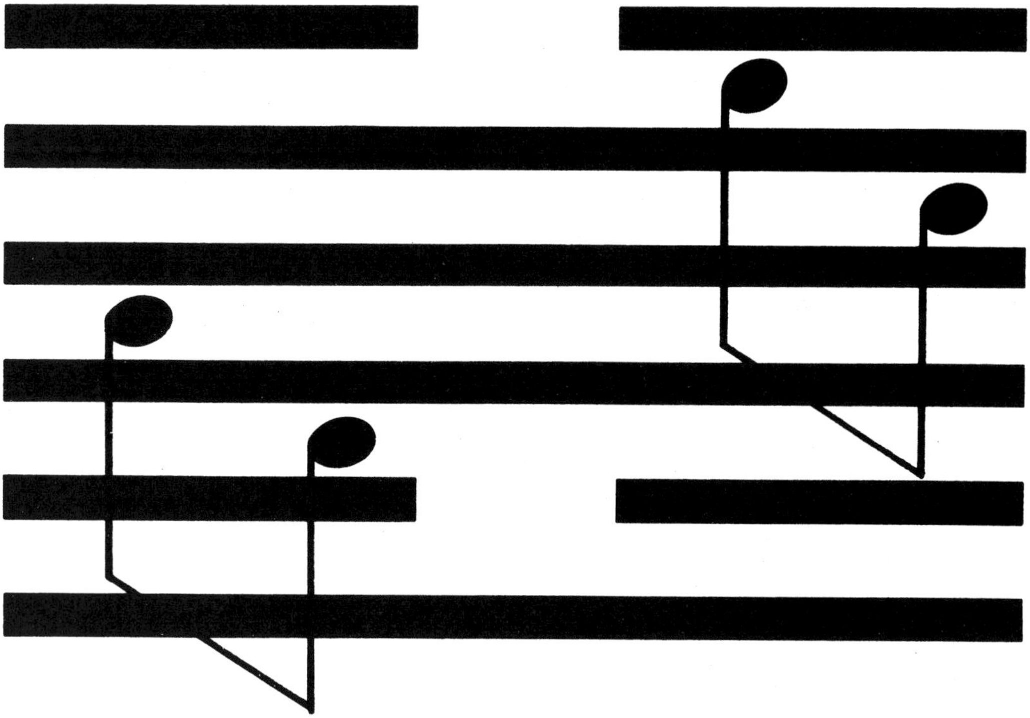

INTRADUÇÕES

1974-1977

INTRADUÇÃO

BERNART DE VENTADORN - c.1174
AUGUSTO DE CAMPOS - c.1974

SISE EUNÃONO'US VVECIJO

ADOMNAMULHER

DONQUE EUPLUSMAISMI CALDESEJO

NEGUSNADA QUEVEZEREUVEJA

MON BELVALE OPENSARQUE

EUNNÃO VALVEJO

homage to edward fitzgerald

S

E

I

L I F E

F

ECO DE AUSONIUS

1977

Por que, pintor, figurar-me uma face

e suscitar uma deusa do vazio ?

Filha do ar e da fala, não de inanes

sonoridades, gero-me, voz sem mente.

Tomando pela cauda as derradeiras sílabas,

divirto-me a seguir as palavras alheias.

No labirinto do teu próprio ouvido, eis-me

Eco: se puderes, pinta o som.

A ROSA DOENTE

1975

A Rosa Doente

Ó Rosa, estás doente ! Um verme pela treva
Voa invisivelmente.
O vento que uiva o leva
Ao velado veludo
Do fundo do teu centro :
Seu escuro amor mudo
desde dentro
Te rói.

William Blake

the tyger

william blake

o tygre

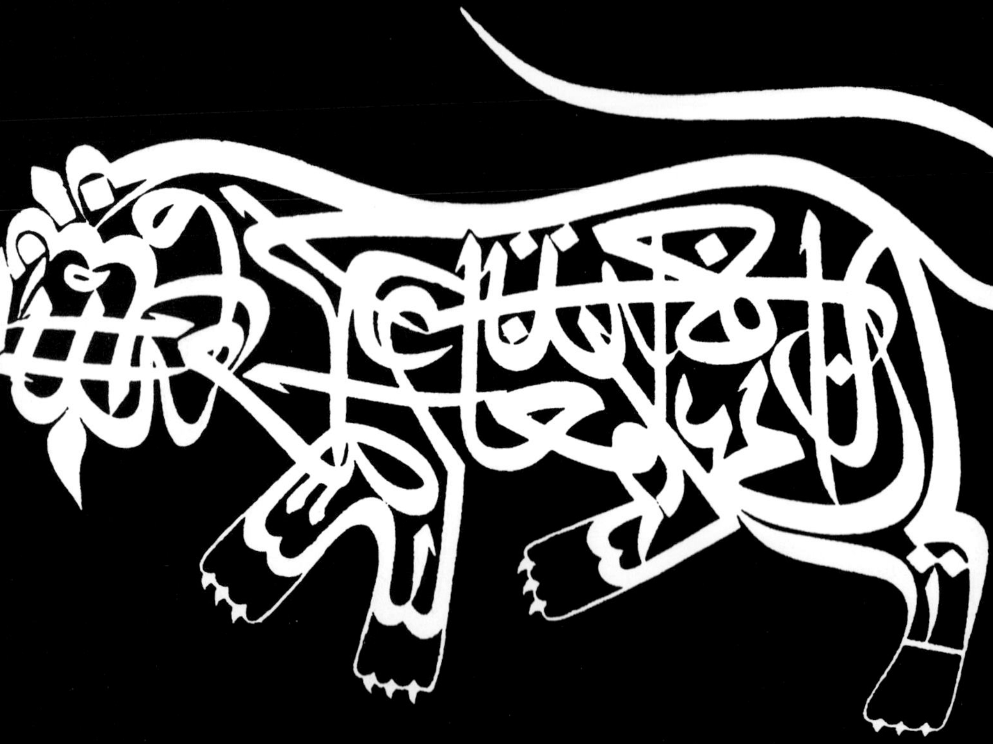

tyger! tyger! burning bright
in the forests of the night,
what immortal hand or eye
cd frame thy fearful symmetry?

tygre! tygre! brilho, brasa
que 'a furna noturna abrasa,
que olho ou mão armaria
tua feroz symmetrya?

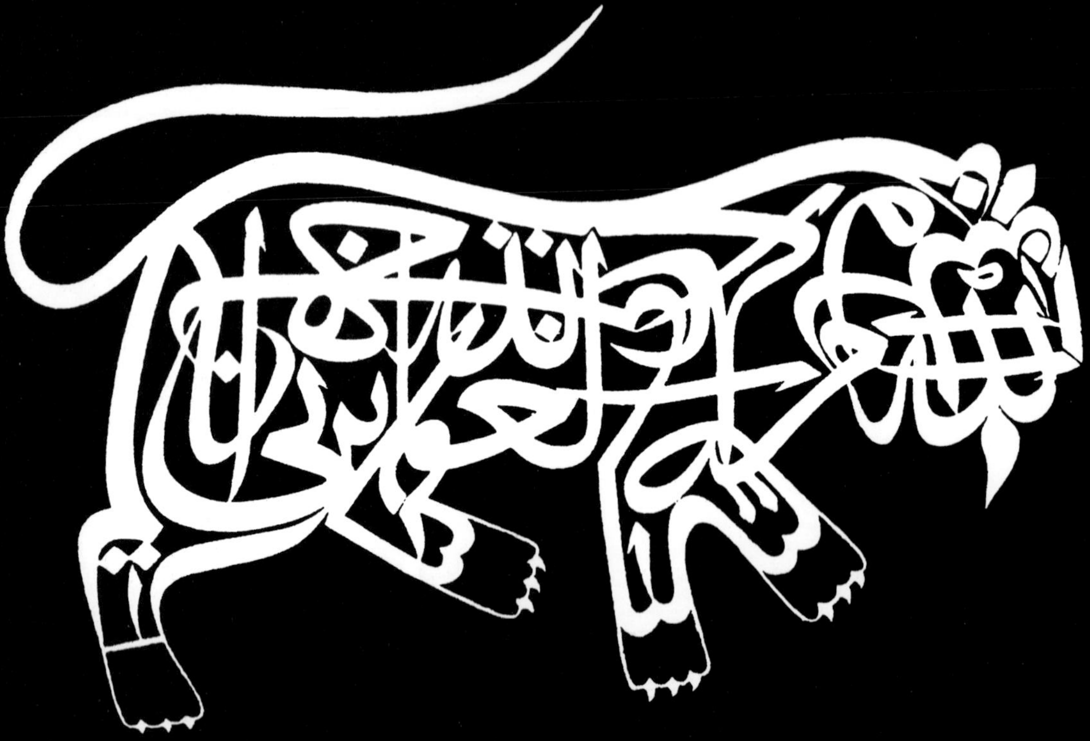

em que céu se foi forjar
o fogo do teu olhar?
em que asas veio a chamma?
que mão colheu essa flamma?

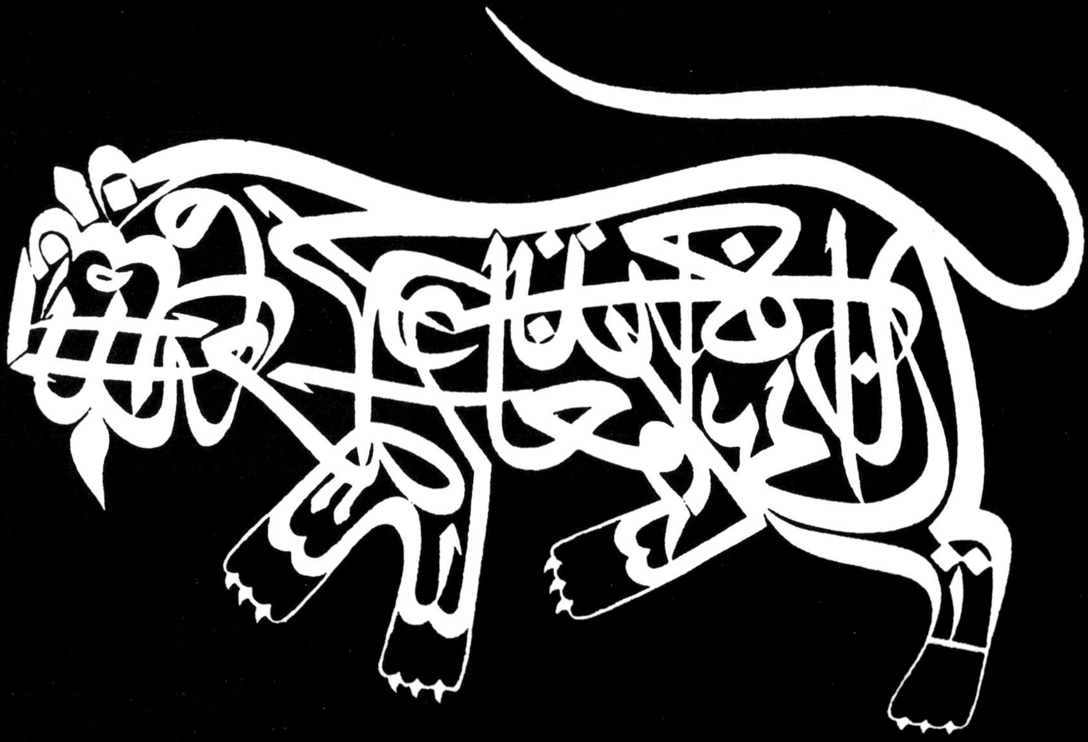

que força fez retorcer
em nervos todo o teu ser?
e o som do teu coração
de aço, que cor, que ação?

teu cérebro, quem o malha?
que martelo? que fornalha
o moldou? que mão, que garra
seu terror mortal amarra?

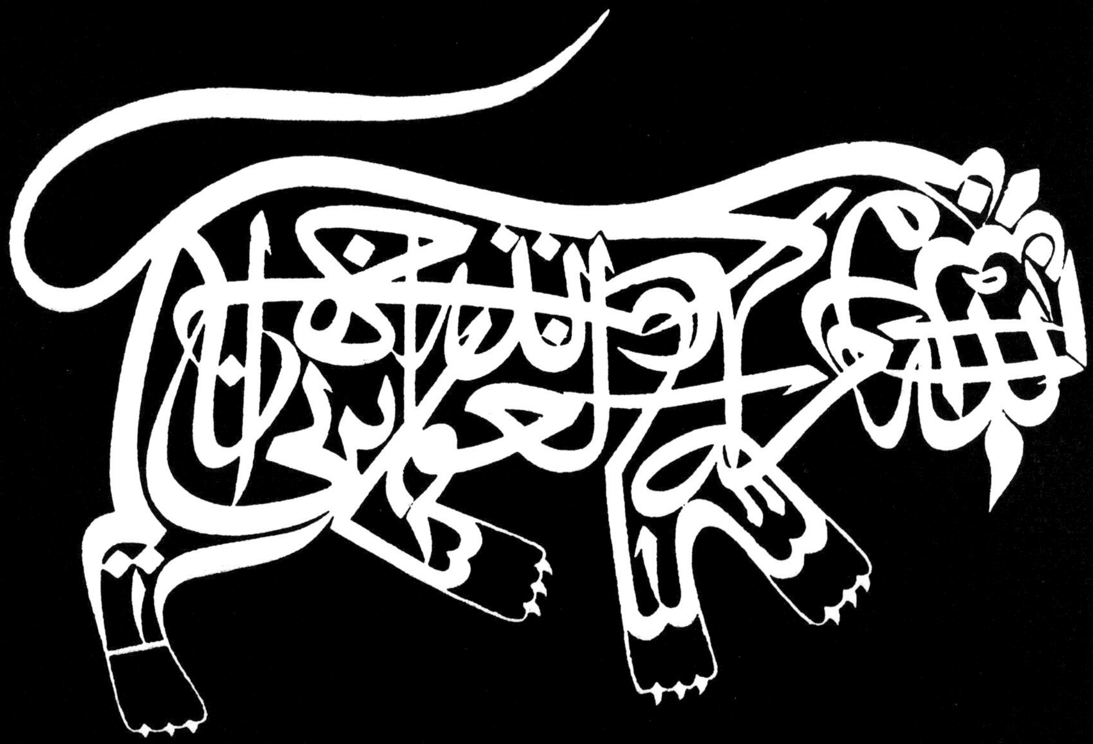

quando as lanças das estrelas
cortaram os céus, ao vê-las,
quem as fez sorriu talvez?
quem fez a ovelha te fez?

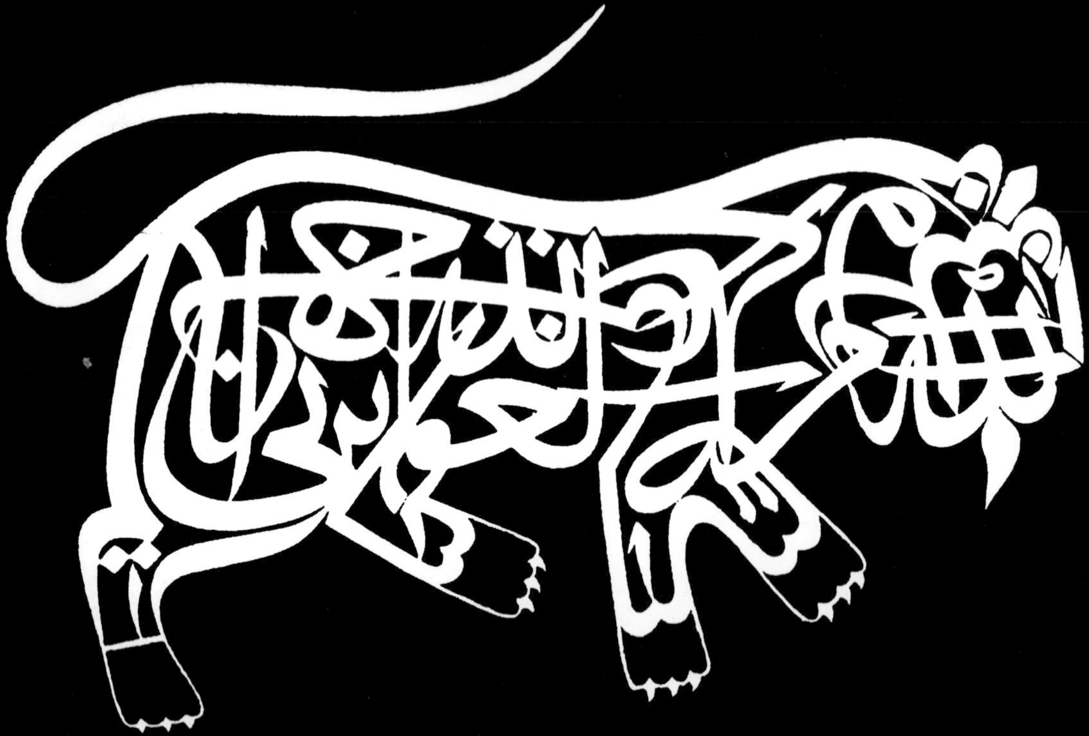

tyger! tyger! burning bright
in the forests of the night.
what immortal hand or eye
cd frame thy fearful symmetry?

tygre! tygre! brilho, brasa
que 'a forna noturna abrasa,
que olho ou mão armaria
tua feroz symmetrya?

STELEGRAMAS

1975-1978

INSETO

1977

amar

insone

poder

isento

saber

tortura

amar

tentado

poder

saber

insano

amar

em tanto

amar

mais

poder

som

saber

poder

inseto

saber

teto

poder

tontura

saber

entanto

amar

O

1976

como	se	quase	quando
um	até	onde	nem
nada	tão	pouco	quanto
mas	ainda	mais	sem
só	sobre	nunca	tanto
entre	menos	que	o
visto	já	sempre	aquém

MIRAGEM

1975

INCERTO SER INSERTO

QUE ME OLHA TÃO DISTANTE

E ESTÁ TÃO PERTO

MIRAGEM QUE EM MIM MIRA

D E S TE D E S E R T O

EU TENTO TANTO TANTALO

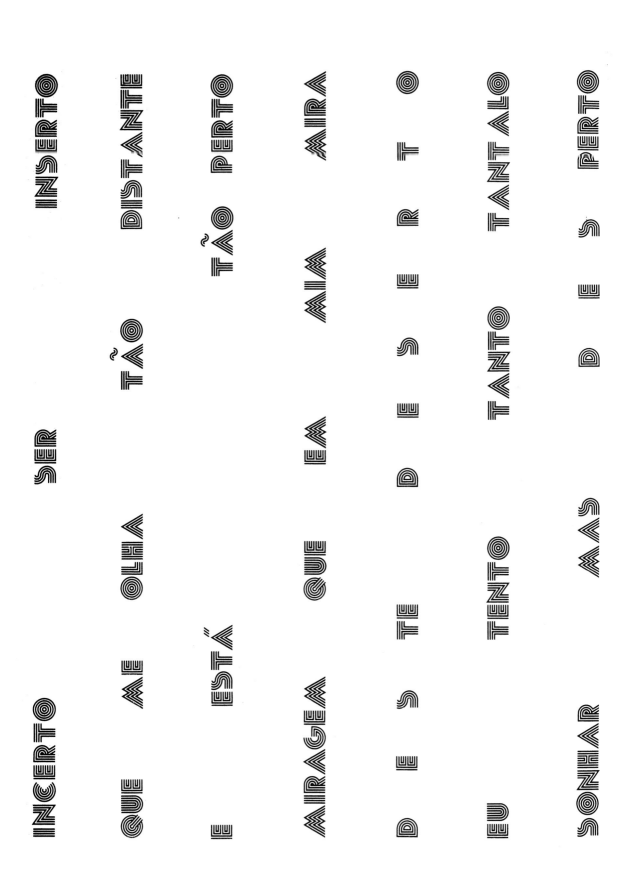

SONHAR MAS D E S PERTO

O QUASAR

1975

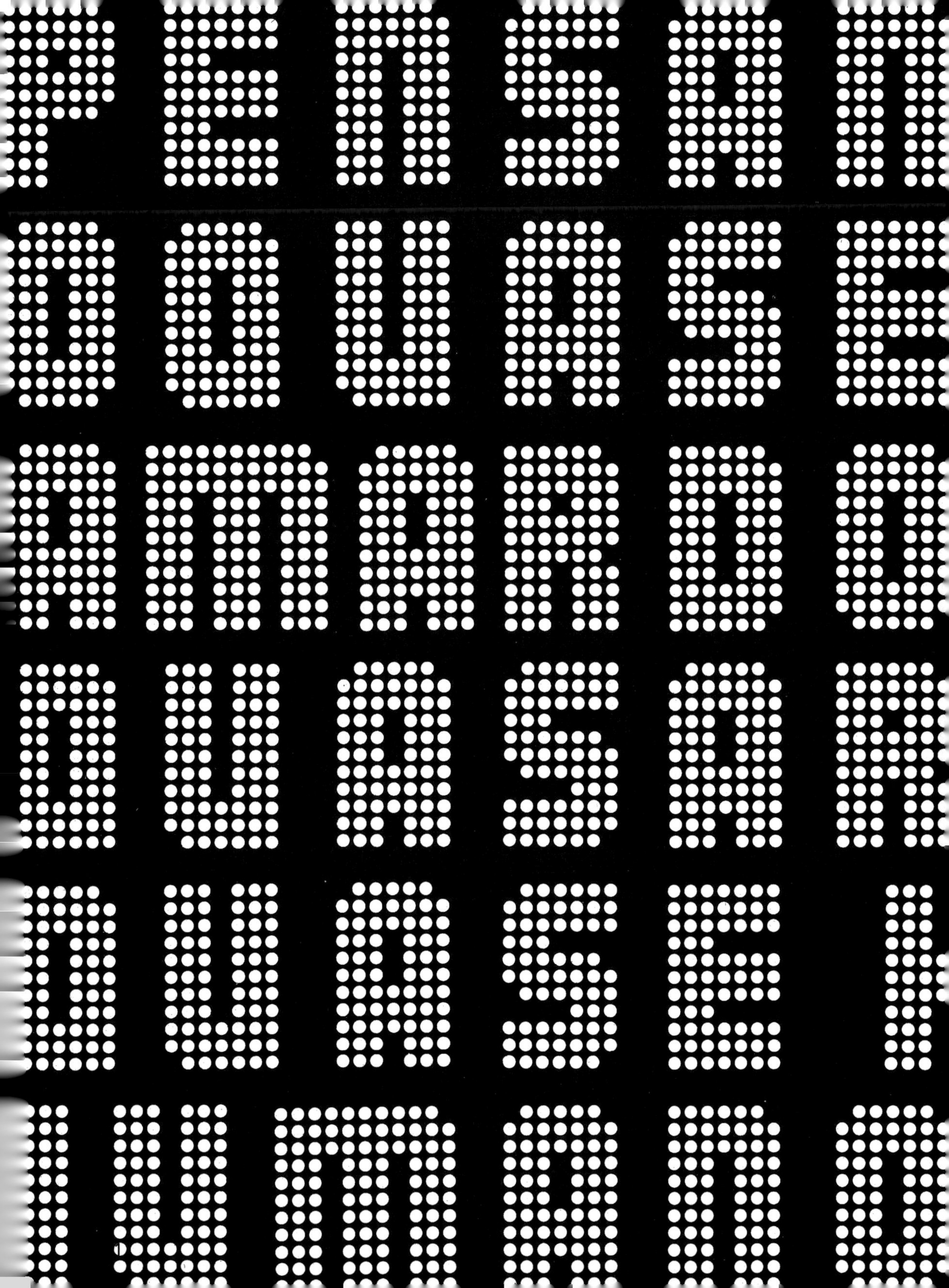
PENSA
DOUAS
AMARD
DUASA
DUASE

O PULSAR

1975

•ND★ QU★R QU★ V•C★ ★ST★JA

★M MART★ •U ★LD•RAD•

ABRA A JAN★LA ★ V★JA

• PULSAR QUAS★ MUD•

ABRAÇ• D★ AN•S LUZ

QU★ N★NHUM SOL AQU★C★

★ • OCO ★SCURO ★SQU★C★

MEMOS

1976

COMO AMAR EPAS
PARA GOES SASS
REST TEMO IMPA
EINS MENT SSAF
TANT OAMA SSIM
ELUZ ISQU PASS
QUEA EAME AMEM
MEMO MORI ORIA
RIAA AMOR ASSA
FLOR DEMA SSIN
AMAS SNÀO ADOM
NÃOS CONS OMEN
ABER EGUE TOQU
ETER AMAR EPAS

PO A POE

1978

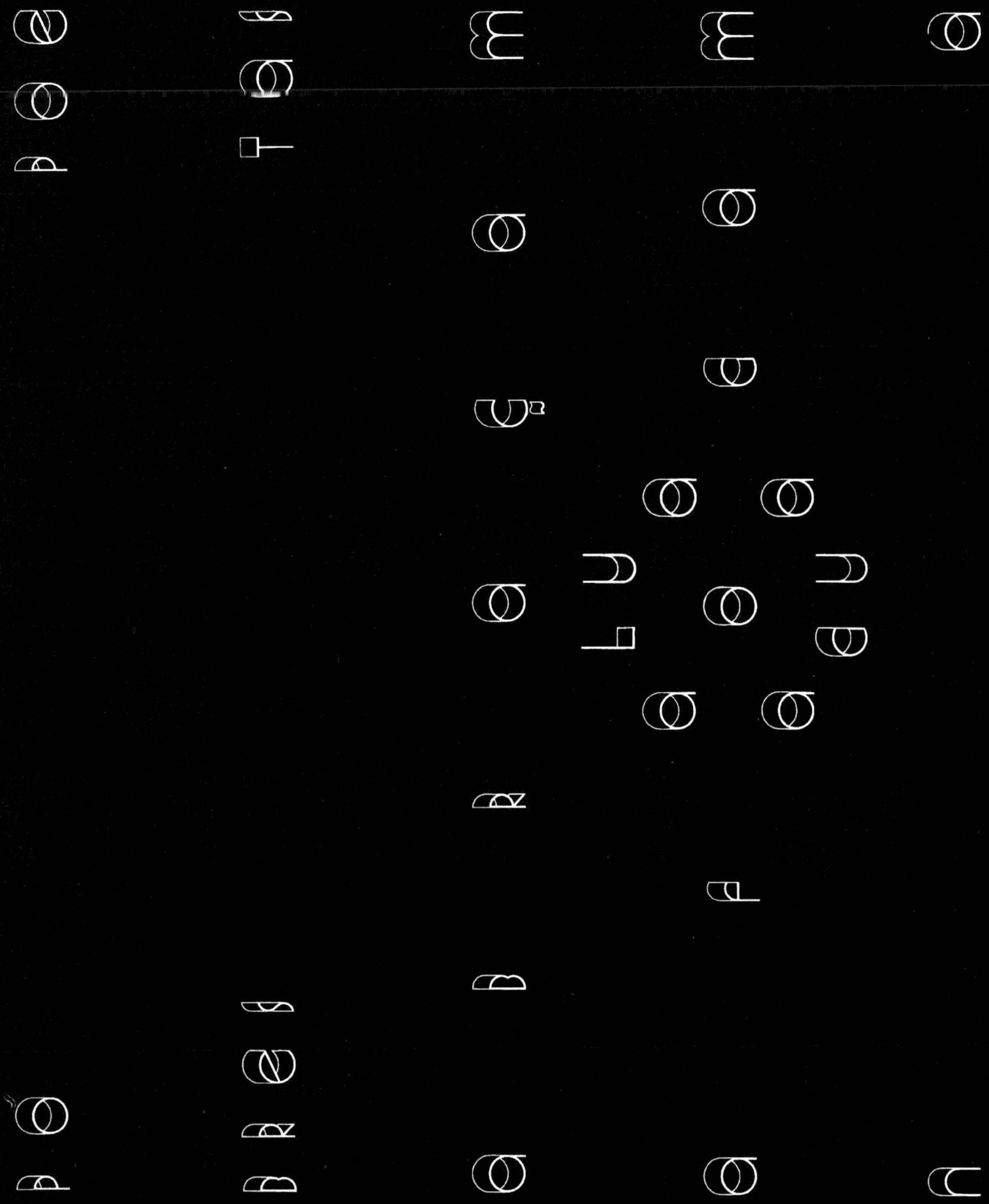

TUDO
ESTÁ
DITO
1974

ÍNDICE

O REI MENOS O REINO (1949-1951) 7

O Rei Menos o Reino

1. Onde a Angústia roendo um não de pedra (9.3.50) 9
2. Neste reino onde eu canto ao som de areia (11.6.50) 10
3. Do que há de ouro na palavra *dolce* (8.9.50) 11
4. Nesse reino (16.8.50) 12
5. ANGÚSTIA: eis a flor marcada a ferro (5.4.50) 13
6. A esta margem de areia tão igual a outras tantas (27.2.51) 14
7. Povo meu ó meu polvo (25.6.50) 15

Canto do Homem entre Paredes (23.3.49) 16
O Vivo (10.5.49) 17
Eu, Eu e o Balanço (19.5.49) 18
Sois Vós, Serena (25.6.49) 19
Quando Eles se Reúnem (6.2.51) 20
Poema do Retorno (27.9.49) 21
Fábula (dez 49) 24
Diálogo a Um (24.8.50) 28
Diálogo a Dois (16.9.50) 29
Canto Primeiro e Último (nov-dez 50) 30

O SOL POR NATURAL (1950-1951) 31

Ofertório (1950) 33
Ao meu forçoso amigo – o ar – às vezes peço (25.3.51) 34
Como pousado não (ago 51) 35
Porém o corvo – o qual vereis adiante (28.3.51) 36
– Solange Sohl existe? É uma só? (30.3.51) 37
Com metade do rosto em apodrecimento (24.3.51) 38
Solange Sohl existe. É a morta luminosa. (21.3.51) 39

AD AUGUSTUM PER ANGUSTA (1951-1952) 41

OS SENTIDOS SENTIDOS (1951-1952) 49

Malva Melancolia. Em olhos malcolores (mar 52) 51

O Coração Final
1. Olhar o desmoronamento grande (set 51) 52
2. Separar tuas pernas como as asas (mar 52) 53
3. O sonho de mel de uma abelha esfuziante (16.3.52) 54
4. Ter penetrado o grande corpo curvo (7.3.52) 55

Os Sentidos Sentidos (ago-set 52) 56
... lenda. A chuva é a chuva (jun-set-out-nov 52) 57
Esperança oh magna (9-13 nov 52) 58
Ar triste. O Artista. Olho: (21.12.52) 59
O Poeta Ex Pulmões (nov-dez 52) 60

POETAMENOS (jan-jul 1953) 63

introdução 65
poetamenos (7.2.53) 67
paraíso pudendo (1.1.53) 69
lygia fingers (jan 53) 71
nossos dias com cimento (maio 53) 73
eis os amantes (jul 53) 75
dias dias dias (18-19 jul 53) 77

BESTIÁRIO (1955) 79

OVONOVELO (1954-1960) 91

salto (1954) 93
ovonovelo (1955) 94
tensão (1956) 95
terremoto (1956) 96
V (1957) 97
vida (1957) 98
eixo (1957) 99
uma vez (1957) 100
sem um número (1957) 101
iniciomeiofim (1958) 102
corsom (1958) 103

tempoespaço (1958) 104
quadrado (1959) 105
pluvial (1959) 106
flor da pele (1959) 107
caracol (1960) 108

GREVE (1961) 109

CIDADE ACASO LUXO (1963-1965) 113

cidade/city/cité (1963) 115
acaso (1963) 117
luxo (1965) 119

POPCRETOS (1964-1966) 121

breve exposição sobre uma explosição de expoemas popcretos (out-nov 64) 123
olho por olho (1964) 125
SS (1964) 127
o anti-ruído (1964) 129
goldWeater (1964) 131
psiu! (1966) 133

PROFILOGRAMAS (1966-1974) 135

profilograma 1 – poundmaiakóvski (1966) 137
profilograma 2 – hom'cage to webern (1972) 139
sousândrade 1874-1974 – fotopsicograma (1974) 141
janelas para pagu (1974) 143

EQUIVOCÁBULOS (1970) 145

nada 147
cicatristeza 149
oeilfeujeu 173
pressauro 187
a dúvida 193
amortemor 195
infin 199
rever 201

* A versão-livro deste poema (com 6 folhas soltas, permutáveis) foi publicada em CAIXA PRETA (de Julio Plaza a Augusto de Campos, edição dos autores, São Paulo, 1975), onde se encontra, também, o poema-objeto FIM (1972), que, por exigir display especial, não pôde integrar este volume. Pelas mesmas razões deixou de ser incluído o livro-objeto COLIDOUESCAPO (1971).

OBRAS DO AUTOR

Poesia

O REI MENOS O REINO, São Paulo, edição do autor, 1951.

POETAMENOS (1953), 1ª edição na revista-livro *Noigandres* nº 2, 1955, São Paulo, edição dos autores (2ª edição, São Paulo, Edições Invenção, 1973).

ANTOLOGIA NOIGANDRES (com Décio Pignatari, Haroldo de Campos, Ronaldo Azeredo e José Lino Grünewald), São Paulo, edição dos autores, 1962.

LINGUAVIAGEM (cubepoem), limited edition of 100 copies, designed by Philip Steadman, Brighton, England, 1967, e na versão original, edição do autor, São Paulo, 1970.

EQUIVOCÁBULOS, São Paulo, Edições Invenção, 1970.

COLIDOUESCAPO, São Paulo, Edições Invenção, 1971; 2ª edição, São Paulo, Amauta Editorial, 2006.

POEMÓBILES (1968–74), poemas–objetos, em colaboração com Julio Plaza, São Paulo, edição dos autores, 1974; 2ª edição, São Paulo, Brasiliense, 1985; 3ª edição, São Paulo, Selo Demônio Negro, Annablume, 2010.

CAIXA PRETA, poemas e objetos–poemas em colaboração com Julio Plaza, São Paulo, edição dos autores, 1975.

VIVA VAIA (Poesia 1949–79), São Paulo, Duas Cidades, 1979; 2ª edição, São Paulo, Brasiliense, 1986; 3ª a 5ª ed., São Paulo, Ateliê Editorial, 2014.

EXPOEMAS (1980–85), serigrafias de Omar Guedes, São Paulo, Entretempo, 1985.

NÃO, poema–xerox, edição do autor, 1990.

POEMAS, antologia bilíngue, a cargo de Gonzalo M. Aguilar, Buenos Aires, Instituto de Literatura Hispanoamericana, 1994.

DESPOESIA (1979-1993), São Paulo, Perspectiva, 1994.

POESIA É RISCO (CD-livro), antologia poético-musical, de O Rei Menos o Reino a Despoemas, em colaboração com Cid Campos, Rio de Janeiro, Polygram, 1995.

CLIP-POEMAS, 16 poemas-animados digitais – exposição "Arte Suporte Computador", São Paulo, Casa das Rosas, 1997.

NÃO (poemas). Anexo, o CDRom CLIP-POEMAS, São Paulo, Perspectiva, 2003.
POÈTEMOINS – Anthologie, préface et traduction de Jacques Donguy. Les Presses du Réel, France, Dijon, 2011.
PROFILOGRAMAS, São Paulo, Perspectiva, 2012.

Ensaios Diversos

RE/VISÃO DE SOUSÂNDRADE (com Haroldo de Campos), São Paulo, Edições Invenção, 1964 (2ª edição, ampliada, São Paulo, Nova Fronteira, 1982).
TEORIA DA POESIA CONCRETA (com D. Pignatari e H. de Campos). São Paulo, Edições Invenção, 1965; 2ª edição, ampliada, São Paulo, Duas Cidades, 1975; 3ª edição, Brasiliense, 1987; 4ª e 5ª edição, revistas, Ateliê Editorial, 2014.
SOUSÂNDRADE – POESIA (com H. de Campos), Rio de Janeiro, Agir, 1966; 3ª edição, revista, 1995.
BALANÇO DA BOSSA (com Brasil Rocha Brito, Julio Medaglia, Gilberto Mendes), São Paulo, Perspectiva, 1968 (2ª edição, ampliada: BALANÇO DA BOSSA E OUTRAS BOSSAS, 1974).
GUIMARÃES ROSA EM TRÊS DIMENSÕES (com H. de Campos e Pedro Xisto), São Paulo, Comissão Estadual de Literatura, Secretaria da Cultura, 1970.
RE/VISÃO DE KILKERRY, São Paulo, Fundo Estadual de Cultura Secretaria da Cultura, 1971 (2ª edição, ampliada, São Paulo, Brasiliense, 1985).
REVISTAS REVISTAS: OS ANTROPÓFAGOS, introdução à reedição fac-similar da *Revista da Antropofagia*, São Paulo, Abril/Metal Leve S.A., 1975.
REDUCHAMP, com iconogramas de Julio Plaza, São Paulo, Edições S.T.R.I.P., 1976; 2ª edição, Selo Demônio Negro, Annablume, 2010.
POESIA ANTIPOESIA ANTROPOFAGIA, São Paulo, Cortez e Moraes, 1978.
PAGU: VIDA-OBRA, São Paulo, Brasiliense, 1982.
À MARGEM DA MARGEM, São Paulo, Companhia das Letras, 1989.
O ENIGMA ERNANI ROSAS, Florianópolis, Editora UEPG (Universidade Estadual de Ponta Grossa), 1996.
OS SERTÕES DOS CAMPOS (com H. de Campos), Rio de Janeiro, Sette Letras, 1997.
MÚSICA DE INVENÇÃO, São Paulo, Perspectiva, 1998.

Traduções e Estudos Críticos

DEZ POEMAS DE E.E. CUMMINGS, Rio de Janeiro, Serviço de Documentação–MEC, 1960.
CANTARES DE EZRA POUND (com D. Pignatari e H. de Campos), Rio de Janeiro, Serviço de Documentação–MEC, 1960.
PANAROMA DO FINNEGANS WAKE (com H. de Campos), São Paulo, Comissão Estadual de Literatura, Secretaria da Cultura, 1962; 4ª edição, ampliada, São Paulo, Perspectiva, 2001.
POEMAS DE MAIAKÓVSKI (com H. de Campos e Boris Schnaiderman), Rio de Janeiro, Tempo Brasileiro, 1967 (2ª edição, ampliada, São Paulo, Perspectiva, 1982).
POESIA RUSSA MODERNA (com H. de Campos e B. Schnaiderman), Rio de Janeiro, Civilização Brasileira, 1968; 6ª edição, ampliada, São Paulo, Perspectiva, 2001.

TRADUZIR E TROVAR (com H. de Campos), São Paulo, Papyrus, 1968.
ANTOLOGIA POÉTICA DE EZRA POUND (com D. Pignatari, H. de Campos, J. L. Grünewald e Mário Faustino), Lisboa, Ulisseia, 1968.
ABC DA LITERATURA, de Ezra Pound (com José Paulo Paes), São Paulo, Cultrix, 1970.
MALLARMARGEM, Rio de Janeiro, Noa-Noa, 1971.
O TYGRE, de William Blake, São Paulo, edição do autor, 1977.
MALLARMÉ (com D. Pignatari e H. de Campos), São Paulo, Perspectiva, 1978.
JOHN DONNE, O DOM E A DANAÇÃO, Florianópolis, Noa-Noa, 1978.
VERSO REVERSO CONTROVERSO, São Paulo, Perspectiva, 1979.
20 POEM(A)S - E.E. CUMMINGS, Florianópolis, Noa-Noa, 1979.
MAIS PROVENÇAIS: RAIMBAUT E ARNAUT, Florianópolis, Noa-Noa, 1982 (2ª edição, ampliada, São Paulo, Companhia das Letras, 1987).
EZRA POUND – POESIA (com D. Pignatari, H. de Campos. J. L. Grünewald e M. Faustino). Organização, introdução e notas de A. de Campos), São Paulo, Hucitec, 1983.
PAUL VALÉRY: A SERPENTE E O PENSAR, São Paulo, Brasiliense, 1984; 2ª edição, São Paulo, Ficções Editora, 2011.
JOHN KEATS: ODE A UM ROUXINOL E ODE SOBRE UMA URNA GREGA, Florianópolis, Noa-Noa, 1984.
JOHN CAGE: DE SEGUNDA A UM ANO, introdução e revisão da tradução de Rogério Duprat, São Paulo, Hucitec, 1985; 2ª edição, Rio de Janeiro, Cobogó, 2013.
40 POEM(A)S - E.E. CUMMINGS, São Paulo, Brasiliense, 1986.
O ANTICRÍTICO, São Paulo, Companhia das Letras, 1986.
LINGUAVIAGEM, São Paulo, Companhia das Letras, 1987.
PORTA-RETRATOS: GERTRUDE STEIN, Florianópolis, Noa-Noa, 1990.
HOPKINS: CRISTAL TERRÍVEL, Florianópolis, Noa-Noa, 1991.
PRÉ-LUA E PÓS-LUA, São Paulo, Arte Pau Brasil, 1991.
RIMBAUD LIVRE, São Paulo, Perspectiva, 1992.
IRMÃOS GERMANOS, Florianópolis, Noa-Noa, 1993.
RILKE: POESIA-COISA, Rio de Janeiro, Imago, 1994.
HOPKINS: A BELEZA DIFÍCIL, São Paulo, Perspectiva, 1997.
POESIA DA RECUSA, São Paulo, Perspectiva, 2006.
QUASE-BORGES + 10 TRANSPOEMAS, São Paulo, Memorial da América Latina, 2006.
EMILY DICKINSON – NÃO SOU NINGUÉM, São Paulo, Unicamp, 2008.
AUGUST STRAMM: POEMAS-ESTALACTITES, São Paulo, Perspectiva, 2008.
BYRON E KEATS: ENTREVERSOS, São Paulo, Unicamp, 2009.
POÉTICA DE OS SERTÕES, São Paulo, Casa Guilherme de Almeida, 2010.
POEM(A)S – E.E. CUMMINGS, (edição revista e ampliada), São Paulo, Unicamp, 2011.
COISAS E ANJOS DE RILKE (edição revista e ampliada), São Paulo, Perspectiva, 2013.
QUASE BORGES – 20 TRANSPOEMAS E UMA ENTREVISTA, São Paulo, Selo Musa Rara, Terracota, 2013.

SITE: www.augustodecampos.com.br

CRÉDITOS

Artes-finais

LUXO: Francelísio Barra
PROFILOGRAMA 1: Francelísio Barra
perfil de Pound: Gaudier-Brzeska
perfil de Maiakóvski: A. Ródtchenko
PROFILOGRAMA 2: Marcos Pedro Ferreira
foto de Webern: Universal Edition A. G.
foto de Cage: Jim Klotsky
VIVA VAIA: Marcos Pedro Ferreira
SOUSÂNDRADE 1874-1974: José Luis Garaldi
e José Roberto Lakatos
CÓDIGO: Julio Plaza
PENTAHEXAGRAMA PARA JOHN CAGE:
Marcelo Nepomuceno
TUDO ESTÁ DITO: Julio Plaza
OLHO POR OLHO, O ANTI-RUÍDO e PSIU!: Fotos Estúdio Lima Barreto, 1965
(reprocessadas digitalmente por Augusto de Campos, 1999)
SS e GOLDwEATER: Fotos Fernando Laszlo, 2007

Ilustração de O TYGRE de Blake: Pintura mural dervixe, da Turquia, séc. 19. As letras, no corpo do tigre, perfazem uma inscrição maometana que significa, em parte: "Em nome do leão de Deus, da face de Deus, do vitorioso Ali, o filho de Ebu Talet". (T. K. Birge, *The Bektashi Order of Dervishes*, London, 1952, referido por Berjouhi Bowler em *The Word as Image*, Londres, Studio Vista Ltd., 1970.)

Título	Viva Vaia
Autor	Augusto de Campos
Editor	Plinio Martins Filho
Produção Editorial	Carlos Gustavo Araújo do Carmo
Projeto Gráfico	Julio Plaza
Capa	Augusto de Campos
Reproduções Fotográficas	Ângela Vieira
Editoração Eletrônica	Negrito Produção Editorial
Revisão de Provas	Ateliê Editorial
Formato	18 x 24,5 cm
Papel	Cartão Supremo 250 g/m² (capa)
	Couché Fosco 115 g/m² (miolo)
Número de Páginas	264
Impressão e Acabamento	LIS Gráfica